OVVERTVRE
du Theatre
DE LA GRANDE SALLE
du Palais Cardinal
MIRAME
Tragicomedie

AV ROY.

IRE,

   Bien que l'vſage des triomphes publics
ſemble eſtre aboly par toute la terre, la
France a maintenant vn lieu ou j'eſpere
que voſtre Majeſté triomphera ſouuent,
par les vers & par les beaux ſpectacles que
voſtre grand Miniſtre y fera faire pour
celebrer vos conqueſtes. Mirame que je

AV ROY.

prefente auec refpeɛt à voftre Majefté, n'a
feruy que d'vn effay auant que d'y chan-
ter fes loüanges, & fi mon trauail a efté fuiuy de quelque heureux fuccés en vn fujet
inuenté, elle jugera, s'il luy plaift, de ce que
je pourray faire en parlant de fes exploits
veritables. Dés-ja les Ballets que l'on y a
veus depuis fa reprefentation , n'ont eu
pour fujet que les viɛtoires de voftre Majefté, & tous leurs recits n'ont parlé que
des merueilles de fa vie. Mais j'ofe luy dire
encore que je prepare vn ouurage fur le fujet de la Iuftice de fes armes, & de la mo-
deration d'vn fi grand Roy dans fes glorieux fuccés, qui auec l'ayde de la renommée de voftre Majefté, volera comme j'efpere par tout le monde. Ie luy demande
feulement vn regard fauorable, pour eⁿre
animé dans vne fi belle entreprife, & pour
me faire conceuoir des penfées qui ne
foient pas indignes de la grandeur de fon

AV ROY.

nom, ny du vœu que j'ay fait d'eftre juf-
ques au dernier foufpir,

SIRE,

De Voftre Majefté,

Le tres-humble, tres-obeïffant
& tres-fidelle feruiteur &
fujet, DESMARETS.

Extraict du Priuilege du Roy.

PAR Grace & Priuilege du Roy donné à Paris le 14. de Mars 1639. il eft permis au fieur DESMARETS, Confeiller
du Roy & Controolleur general de l'extraordinaire des guerres, de faire imprimer, vendre, & debiter toutes fes
œuures, tant de Profe que de Vers, imprimées & à imprimer, durant l'efpace de vingt ans. Et deffenfes font
faictes à toutes perfonnes de quelque qualité & condition qu'elles foient d'imprimer pour l'aduenir, ny de con-
trefaire aucunes chofes des œuures dudit fieur DESMARETS, fimprimées ou à imprimer, en quelque façon
& foubs quelque pretexte que ce foit, ny de les vendre & debiter fans fon confentement, à peine de trois mil
liures d'amende, de confifcation des exemplaires contrefaicts, & de tous defpens, dommages & interefts: &
veut fa Majefté qu'en mettant vn extraict defdites Lettres à la fin ou au commencement de chaque volume,
elles foient tenués pour deuement fignifiées, & que foy y foit adioufée comme à l'original.

Signé, Par le Roy en fon Confeil.   COMPART.

Et ledit fieur DESMARETS a cedé & tranfporté fon Priuilege pour raifon de la Tragicomedie intitulée,
MIRAME, à Henry le Gras, Marchand Libraire à Paris, pour en iouir par luy durant ledit temps, felon qu'il
eft plus amplement porté par ledit tranfport du 16 iour de Mars 1639.

PERSONNAGES.

LE ROY DE BITHYNIE.

MIRAME. Princeſſe de Bithynie.

ALMIRE. Princeſſe confidente de Mirame.

ALCINE. Suiuante de Mirame.

ARIMANT. Prince fauory du Roy de Colchos

AZAMOR, Roy de Phrygie.

ACASTE. Conneſtable de Bithynie.

ADRASTE. Prince ſujet du Roy de Bithynie.

ANTENOR. Capitaine de la coſte.

LE GRAND PREVOST.

L'AMBASSADEVR DV ROY DE COLCHOS.

SOLDAT.

La Scene eſt dans le jardin du Palais Royal d'Heraclée, regardant ſur la mer.

MIRAME.

ACTE PREMIER.

SCENE PREMIERE.

LE ROY. ACASTE.

LE ROY.

Vovs à qui j'ay commis mes secrets & mes armes,
Acaste, si mes yeux respandent quelques larmes,
Ie n'ay point de regret que ce soit deuant vous:
Mais sçachez que ce sont des larmes de courroux.
Vous me croyez le Roy le plus heureux du monde.
Vous me voyez vainqueur sur la terre & sur l'onde;
Et d'vn leger effort j'espere surmonter
Celuy dont l'insolence ose nous irriter.
Les projets d'Arimant s'en iront en fumée:
Ie mesprise l'effect d'vne si grande armée:
Mais j'en crains bien la cause, & ne puis sans effroy
Penser qu'elle me touche & qu'elle vient de moy.

A

En effect c'est mon sang, c'est luy que je redoute.

ACASTE.

Quoy? Sire, voltre sang?

LE ROY.

Ouy, mon sang; mais escoute:
Ie m'expliqueray mieux; c'est mon sang le plus beau.
Celle qui vous paroist vn celeste flambeau,
Est vn flambeau fatal à toute ma famille,
Et peut estre à l'Estat; en vn mot, c'est ma fille.
Son cœur qui s'abandonne aux feux d'vn estranger,
En l'attirant icy m'attire le danger.
Cependant que par tout je me monstre inuincible,
Elle se laisse vaincre.

ACASTE.

Ah! Dieux! est-il possible?

LE ROY.

Acaste, il est trop vray; par differends efforts
On sappe mon Estat & dedans & dehors;
On corrompt mes sujets, on conspire ma perte,
Tantost couuertement, tantost à force ouuerte.

ACASTE.

Grand Roy, que dites-vous?

LE ROY.

Mirame a suscité
Le mal où ie me voy par sa seule beauté.

Celuy de qui l'orgueil des-ja se la destine,
Qui de tant de vaisseaux couure la mer Euxine,
Arimant, fauory du Prince de Colchos,
Troublé de son amour vient troubler mon repos;
Et pour y paruenir sans le faire cognoistre,
Il veut se preualoir des forces de son Maistre;
Il veut auoir ma fille, il la veut, ou perir.
N'osant la demander, il la veut conquerir.
Ne la meritant pas, ce jeune temeraire
Veut se faire aggréer par le mal qu'il peut faire.
Encore me pourrois-je aisément consoler,
Si sans plaire à ma fille on le voyoit bruler.
Mais le mal qui me tuë, est de voir que Mirame
A cét amour indigne abandonne son ame:
Qu'elle cherche sa honte, en cherchant à le voir,
Et contre mon desir, & contre son deuoir.
Desia par ses souhaits il obtient la victoire,
Il nous bat, il nous dompte.

ACASTE.

Ah! je ne le puis croire.
Sire, le pensez-vous?

LE ROY.

Quoy? ne sçauez-vous pas
Que pour tenir en paix Colchos & mes Estats
Arimant vint icy? que par son entremise
Au fils de son Seigneur ma fille fut promise?
Qu'en mesme temps ce Prince ayant perdu le jour,
Arimant demeura quelque mois dans ma Cour;
Et sceut de telle addresse ensorceller Mirame,
Qu'en la place du Prince il se mit dans son ame.
Depuis il n'a cessé de troubler mon repos:
Pour commencer sa trame, il fit que sans propos
A ij

Le Roy de Galatie attaqua cét Empire.
Mais la honte fuiuant ce que l'orgueil infpire,
Arbas fon Lieutenant fut par moy furmonté,
Et perdit la bataille auec la liberté.
Arimant pour l'auoir en vain vfa de rufe.
Des armes de fon Roy maintenant il abufe :
Il veut l'auoir par force, il menace nos ports,
Et penfe nous reduire à craindre fes efforts.
Mais quand je le rendrois , oubliant cette iniure,
Arbas de fon amour n'eft que la couuerture.
L'amour de la Princeffe eft fon vnique objet.
D'vn grand Roy mon efgal fe voyant né fujet,
Et voyant fa fortune au deffous de la mienne,
Il veut en m'abbaiffant m'efgaler à la fienne ;
Et ma fille y confent, approuue fon amour,
Et trahit lafchement ceux qui l'ont mife au jour.
Ce deffein fans raifon fait qu'elle eft infenfible
Pour le Roy de Phrygie, Azamor l'inuincible,
Qui durant fa recherche a fouuent par fon bras
Des efforts eftrangers preferué mes Eftats.
Elle fuit fon bon-heur, à foy-mefme inhumaine,
Pour fuiure indignement vne efperance vaine.

A C A S T E.

Sire, felon mon fens, Mirame n'ayme rien.
Elle mefprife tout.

L E   R O Y.

Voftre fens eft le mien.
Mefprifer Azamor auec vne couronne,
Mefprifer les confeils que fon Pere luy donne,
Son deuoir & foy-mefme, eft bien affeurément
Faire mefpris de tout fans aucun jugement.

Mais

Mais ſi de ces meſpris Arimant eſt la cauſe,
L'ingrate en ſon meſpris priſe bien peu de choſe.
Cependant l'orgueilleux enflé de ſon pouuoir
Tient ſa flotte à la rade, & demande à me voir.
Bien qu'il parle de paix, ce n'eſt qu'vne fineſſe,
Pour trouuer vn moyen de reuoir la Princeſſe.
Mais de mon ennemy ie deteſte l'abbord.
Qu'il vous parle, il ſuffit: qu'on le reçoiue au port.
Il faudra luy donner quelque Prince en oſtage.
Allez, remarquez bien ſon geſte & ſon langage.
Toutesfois attendez ; je veux premierement
De ma fille en ce lieu ſonder le ſentiment.
Faiétes-la moy venir ; tandis cette verdure
Peut eſtre trompera les ennuis que i'endure.
Combien, cruel amour, mets tu dans les eſprits
De deſirs imprudens & d'iniuſtes meſpris?
Paſſion miſerable, aueugle, temeraire,
Et capable d'armer l'enfant contre le Pere.
L'honneur & le deuoir par toy ſont terraſſez;
Et par toy des Eſtats ont eſté renuerſez.
Mais vous, ô beaux jardins de ma chere Heraclée;
Qui repouſſez du pied l'orgueil de l'onde enflée,
D'où l'on voit à meſme heure & des fleurs & des flots,
L'horreur & le plaiſir, le trouble & le repos;
Que me preſagez-vous, ou la paix, ou la guerre?
Qui verra nos combats, ou la mer, ou la terre?
Mais Dieux! la puis-je voir? calmons-nous toutesfois.
Sçauoir diſſimuler eſt le ſçauoir des Rois.

B

SCENE II.

LE ROY, MIRAME, ALMIRE,
ACASTE, ALCINE.

LE ROY.

MA fille, vn doute icy tient mon ame en balance.
Le superbe Arimant plein de vaine esperance,
Demande à me parler, & pretend de vous voir.
Sous vn espoir de paix dois-je le receuoir ?

MIRAME.

S'il veut faire la paix, sa venuë est ma joye.
Si vous la concluez, je veux bien qu'il me voye.
Mais s'il rompt auec vous, on pourroit m'obliger
Aussi tost à mourir qu'à voir cét estranger.
Quoy ? Mirame verroit l'ennemy de son pere ?
A ce nom seulement je brusle de cholere.
Verrois-je sans despit, verrois-je sans horreur
Celuy de qui l'orgueil couue tant de fureur ?

LE ROY.

Si du Roy de Colchos il auoit l'heritage ?

MIRAME

S'il vous hait, il aura ma haine pour partage.

LE ROY.

Bien qu'il soit né sujet, il a de hauts desseins.

MIRAME.

S'il agit contre vous, il faut les rendre vains.

LE ROY.

Il pretend auoir Mars & l'Amour fauorables.

MIRAME.

Ceux qui pretendent trop font fouuent miferables.

LE ROY.

Il fe vante d'auoir quelque bon-heur fecret.

MIRAME.

Vn amant bien traicté deuroit eftre difcret.

LE ROY.

Il dit qu'il eft aymé d'vne fort belle Dame.

MIRAME.

Ce n'eft donc pas de moy dont il captiue l'ame.

LE ROY.

Pourquoy rougiffez-vous, s'il n'eft point voftre amant?

MIRAME.

Vous me voyez rougir de courroux feulement.

SCENE III.

ADRASTE, LE ROY, MIRAME,
ALMIRE, ACASTE, ALCINE.

ADRASTE.

SIRE, ce Prince heureux que la Phrygie adore,
Ce vaillant Azamor vient vous reuoir encore.
I'en viens donner aduis à voſtre Majeſté.

LE ROY.

Courage ſans pareil! genereuſe bonté!
L'vn court pour me ſauuer, l'autre vient pour me nuire.
Mon voiſin me defend, mon ſang me veut deſtruire.
Mais Dieux! que ferons-nous pour ce Prince eſtranger,
Qui penſe à nous ſeruir, au lieu de ſe vanger?
Qui ſouffre vos meſpris auec tant de conſtance,
Et qui n'eſt reuenu que pour noſtre deffence?

MIRAME.

Du Prince de Colchos le ſort precipité
Auec luy ſous la terre a mon cœur emporté.
Azamor eſt vaillant, ie luy ſuis redeuable:
Ie recognois aſſez que ce Prince eſt aymable:
Mais ce que j'ayme eſt mort: on ne me peut blaſmer
D'aymer ce que vos loix m'ont commandé d'aymer.

LE ROY.

Aymez donc Azàmor, puis que je vous l'ordonne.

MIRAME.

Mais qui n'a plus de cœur ne peut aymer perſonne.

Meſmes

LE ROY.

Mefmes vous n'aymez plus ce qui vous mit au jour.

MIRAME.

I'ay beaucoup d'amitié, mais ie n'ay plus d'amour.

LE ROY.

L'humeur d'aymer vn mort fe changera peut eftre.

MIRAME.

Mon humeur peut changer, ſi le mort peut renaiftre.

LE ROY.

Ainfi donc de vos iours paffera le flambeau?

MIRAME.

Ainfi le veut le Ciel qui l'a mis au tombeau.

LE ROY.

Mais ie crains quelque feu caché fous cette cendre.

MIRAME.

Mon cœur n'a point de feu, je fçay bien l'en defendre.

LE ROY.

Acafte, que dis-tu d'vn efprit ſi rusé,
Qui fçait cacher le feu dont il eft embrazé?
La cholere m'emporte.

ACASTE.

Ah! vous eftes fon Pere.
Sa raifon reuiendra, parlez-luy fans cholere.

C

MIRAME.

LE ROY.

Ma fille, au nom des Dieux, penſez à voſtre honneur.

MIRAME.

Ie n'ay iamais veſcu ſans l'auoir dans le cœur.

LE ROY.

L'honneur n'eſt point honneur, s'il ne ſe fait pareſtre.

MIRAME.

Il pareſtra touſiours & mon guide & mon maiſtre.

LE ROY.

Peut-il vous diſpenſer des choſes que je veux?

MIRAME.

Ie vous l'ay deſia dit, je ſuy vos premiers vœux.

LE ROY.

Mes vœux vous ont portée à l'amour de Telame :
Mais il n'eſt plus viuant.

MIRAME.

Il vit dedans mon ame.

LE ROY.

Vn autre y vit encor, ce qui me fait mourir.

MIRAME.

Pour guerir vos ſoupçons, c'eſt moy qui dois perir.

ACTE PREMIER.
LE ROY.

C'eſt trop de preferer la mort aux loix d'vn Pere.

MIRAME.

Eſt-ce trop, que mourir pluſtoſt que luy deſplaire?

LE ROY.

Mais voicy ce heros; ah! courons l'embraſſer :
Cét excez de bonté ne ſe peut ſurpaſſer.

SCENE IIII.

AZAMOR , LE ROY, MIRAME,
ALMIRE, ACASTE, ALCINE.

AZAMOR.

GRAND Prince, ſur le bruit de la flotte Colchique,
Qui pour vous attaquer couure la mer Pontique,
Bien que je ſois du ſang du Prince de Colchos,
Mon bras encore vn coup s'offre à voſtre repos.

LE ROY.

Si je ne reconnois vne amitié ſi rare,
I'ay l'ame d'vn ingrat, ou pluſtoſt d'vn Barbare.
Vous me traictez en Pere ; & i'atteſte les Cieux
Que plus que mes enfans vous m'eſtes precieux.
Mais quelle recompenſe à ce courage inſigne?

AZAMOR.

I'en vois vne trop belle, & dont je ſuis indigne.

C ij

MIRAME.

LE ROY.

Pour les morts feulement Mirame a de l'amour.

AZAMOR.

Donc pour eftre aymé d'elle il faut perdre le jour.

LE ROY.

En fin, de cette humeur le temps fe rendra maiftre.
Ma fille, ce fecours fe doit bien recognoiftre.
Nous ne fçaurions perir ayant vn tel fouftien.

MIRAME.

Ie n'attendois pas moins d'vn cœur comme le fien.

AZAMOR.

Vn cœur comme le mien eft vn cœur tout de flame,
Qui poffedant l'honneur de brufler pour Mirame,
Pretend pour tout employ la feruir en viuant,
Et pour dernier bonheur mourir en la feruant.
Mais d'où vient fur vos bras cette nouuelle guerre ?

LE ROY.

L'orgueilleux Arimant en veut à cette terre ;
Et je puis en deux mots vous dire fes deffeins.
Il veut que ie remette Arbas entre fes mains.
Il commande, il menace, & remply d'infolence
Il croit nous effrayer du bruit de fa puiffance :
Puis il m'offre la paix, il demande à me voir.
Nous confultons icy fi je le dois vouloir.
Mirame en fon aduis paroift vn peu cruelle ;
Et ne le veut point voir.

AZAMOR

AZAMOR.

Nous le verrons pour elle.
S'il ne vous satisfait , lors ce bras indomté
Fera le chastiment de sa temerité.

LE ROY.

Acaste , afin qu'vn jour , si l'on resoud la guerre,
I'en sois justifié deuant tout la terre,
Vous mesme allez sçauoir ce qu'il veut proposer.
Qu'Adraste soit ostage; allons nous reposer.

SCENE V.

MIRAME , ALMIRE , ALCINE.

MIRAME.

ALCINE, laisse-nous.

ALMIRE.

Il vouloit vous surprendre :
Mais vostre esprit adroit a bien sceu s'en defendre.

MIRAME.

I'ay dit par vn discours veritable & menteur,
Ce que dit ma raison , non ce que dit mon cœur.
Ie tremble, chere Almire , aux propos de mon Pere,
Qui font voir ses soupçons & sa juste cholere.
Ie me sens criminelle, aymant vn estranger
Qui met pour mon amour cét Estat en danger.

D

A L M I R E.

Mais qui ne l'aymeroit?

M I R A M E.

Il n'eſt que trop aymable :
Mais mon cœur pour l'aymer n'en eſt pas moins blaſmable.
Ie me ſens animer d'vne imprudente ardeur,
Contre mon ſang armée, & contre ma grandeur.
Au bien de mon Païs je prefere ma flame :
Mais quel eſt ton eſpoir, miſerable Mirame,
Et quel eſt ton amour, qui fait que tu trahis
Ton honneur, ton repos, ton Pere, & ton Païs?
Quel bonheur, malheureuſe, oſeras-tu pretendre,
Quand tu verras ton Pere & ton Païs en cendre?
Sors de mon ame, ſors, amour infortuné,
Qui fais perdre le jour à qui me l'a donné;
Et voy dedans mon cœur tes flames eſtouffées,
Toy qui veux ſur ſa tombe eſleuer tes trophées.
Ou meſme ſi mon cœur ne ſçauroit ſans mourir
Perdre ton feu fatal dont il ne peut guerir;
S'il ne peut t'eſtouffer ſans s'eſtouffer luy-meſme,
Ie conſens à ma mort, je l'ordonne, je l'ayme.
I'ayme mieux immoler & ma flame & mon cœur,
Que conſeruer ma vie en perdant mon honneur.
Ma mort conſeruera mon Pere & ſa Couronne.
Mais perdray-je Arimant? la raiſon me l'ordonne.
C'eſt ſous le nom d'amant vn ennemy couuert.
Le perdant, je ne perds que celuy qui me perd.
Helas! quand par les yeux ie fus enſorcelée,
C'eſt lors que ma raiſon deuoit eſtre appellée :
Quand l'aymable Arimant me parloit en ces lieux,
De la voix pour ſon Prince, & pour luy par les yeux:

J'escoutois de sa voix la trompeuse entremise,
Cependant que ses yeux captiuoient ma franchise.
Mon amour s'attachant à ce visible objet,
Ie creus aymer le Maistre, & j'aymay le sujet.
Serois-je maintenant de tourmens agitée,
Si deslors ma raison eut esté consultée?
Mais le Prince estant mort qui couuroit mon erreur,
Mon amour descouuert est deuenu fureur;
Et malgré ma raison me fait estre perfide,
Funeste à ma patrie, ingrate, & parricide.
Arimant se glissa dans mon cœur innocent.
Mon feu caché s'accrut & se rendit puissant.
Ie ne pûs le cognoistre au point de sa naissance,
Et ne pûs le domter quand j'en eus cognoissance.

ALMIRE.

Vos desirs sont trop beaux pour les faire mourir.

MIRAME.

Bien souuent, mais en vain, j'ay tasché d'en guerir.
Amour, maistre inhumain des esprits qu'il anime,
Rend mon cœur criminel jusqu'à cherir son crime;
Et par vn traictement & cruel & nouueau,
Estant cause du crime, il en est le bourreau.

ALMIRE.

Vous monstrez que vostre ame est pleine d'innocence,
Faisant passer pour crime vne legere offence.
Ma Princesse, laissez ces termes trop cruels.
Ny l'amour, ny l'amant ne sont point criminels.
Le seul but de vous voir est le but de sa gloire:
Soit qu'il fasse la paix, soit qu'il ait la victoire.
C'est là tout son dessein.

MIRAME.

MIRAME.

> Quel crime, fi ie voy
> Celuy qui fait la guerre à mon Pere, à mon Roy?

ALMIRE.

Mais ne fçauez-vous pas que fa puiffante armée
Eft de vos volontez feulement animée?

MIRAME.

Qu'elle aille donc ailleurs.

ALMIRE.

> Voyez voftre pouuoir.
> Il met les armes bas, demandant à vous voir.
> Mais n'efperez jamais la paix dans cét Empire,
> Si vous ne confentez au bonheur qu'il defire.

MIRAME.

Le puis-je voir fans honte? ah bons Dieux! je fremy
De voir que mon amour le rend noftre ennemy:
De le voir triompher de ma gloire ternie:
Que fon feu le bruflant brufle la Bithynie.
Ie fremy de me voir reduite à ce tourment,
Qu'il faille abandonner mon Pere ou mon amant?
Mon efprit chancellant fe trouue à la torture,
Et fent combattre en luy l'amour & la nature.
Ie fremy quand je fonge au trouble ou je me voy,
Que me plaindre de luy, c'eft me plaindre de moy.
Il a lieu de penfer que j'ayme fon audace;
Et qu'il me plaift encore, alors qu'il nous menace.
En fin quel fentiment triomphera de moy?
Suis-je fans naturel, ou feray-je fans foy?

ALMIRE

ALMIRE.

Mais quoy ? vous le verrez.

MIRAME.

Comment le voir, Almire ?

ALMIRE.

Vous le verrez de nuict.

MIRAME.

Ah ! que pluftoft j'expire.

Ie ne le puis.

ALMIRE.

Pourquoy ? dedans l'obfcurité
Il peut vous venir voir auec facilité.
Il en a le defir, l'addreffe, & le courage.
Il fçait l'eftat des lieux dés fon premier voyage.
Puis le braue Antenor eft voftre confident :
C'eft vn homme difcret, courageux & prudent ;
Et de toute la cofte eftant le Capitaine,
Il peut dans ces jardins vous l'amener fans peine ;
Puis le remettre en mer.

MIRAME.

Voudroit-il s'engager,
Eftant plein de prudence, en vn fi grand danger ?

E

MIRAME.

ALMIRE.

I'ay fceu l'y difpofer.

MIRAME.

Qu'auez-vous fait?

ALMIRE.

l'eftime
Que j'obtiendray bien-toft le pardon de mon crime.

MIRAME.

Ah! rompons ce deffein.

ALMIRE.

Le rompre? il eft trop beau.

MIRAME.

Venir en pleine nuict fans fuite & fans flambeau
Trouuer vn eftranger dont on veut eftre aymée?
C'eft pour gaigner vn cœur perdre fa renommée:
C'eft efteindre le feu qu'on defire allumer;
Et fe faire haïr, croyant fe faire aymer.

ALMIRE.

On fçait voftre fageffe, & puis on pourra croire
Que vous traittez la paix, & que c'eft voftre gloire:
L'Eftat comme l'Amour vous oblige à le voir.

MIRAME.

Que pour feruir l'Eftat je manque à mon deuoir?

ALMIRE.

Craignez-vous les tefmoins durant vne nuict fombre?
Les voiles de la nuict cachent tout de leur ombre.

MIRAME.

Ie ferois veuë au moins de ceux qui font aux Cieux.

ALMIRE.

Mais Amour qui le veut eft le Maiftre des Dieux.

MIRAME.

Ah! ne m'en parle plus, ton efpoir eft friuole.

ALMIRE.

Pourtant de voftre part, j'en ay donné parole.
L'honneur comme l'amour vous force à la tenir;
Et fur cette parole Arimant doit venir.

MIRAME.

Ah! que me dites-vous?

ALMIRE.

Il faut eftre hardie;
Et fuiure fes deffeins, quelque chofe qu'on die.

MIRAME.

Helas! vous me perdez contre ma volonté.

ALMIRE.

Vous verrez Arimant; vous l'auez fouhaité:

MIRAME.

Vous defirez la paix : vos difcours & vos charmes
Auront tant de pouuoir qu'il pofera les armes.

MIRAME.

Le Ciel le vueille ainfi.

ALMIRE.

I'en oferois jurer.

MIRAME.

Ie veux donc bien le voir : il fe faut retirer.

ACTE

ACTE SECOND.

SCENE PREMIERE.

LE ROY. ACASTE. AZAMOR.

LE ROY.

N fin, il veut la guerre.

ACASTE.

Auec vn temeraire,
Auec vn arrogant quel accord peut-on faire?
Arimant fans raifon, fans m'auoir entendu,
Sans remife vouloit qu' Aıbas luy fut rendu
Ie n'ay peu diuertir l'effort de fon armée;
Et fa folle entreprife eftoit defia formée.
I'ay fait pour l'adoucir d'inutiles efforts.
Il a leué la voile, il menace nos ports,
Le vent le fauorife, & fa flotte qui vole
Defia, comme je penfe, attaque Diofpole.
Pour domter cét orgueil je m'y fuffe arrefté :
Mais l'Admiral jaloux de fon authorité,
Et le braue Eurylas qui commande à la ville,
Se trouuant affez forts me iugeoient inutile.

F

MIRAME.

LE ROY.

Voyez cét infolent, admirez fon deffein.

AZAMOR.

Laiffez-le moy punir.

LE ROY.

Il mourra de ma main.
Ouy, ce bras chaftira fa temerité fole.
Nous fommes en ce lieu fi prés de Diofpole,
Que je puis en perfonne eftre prefent par tout.

AZAMOR.

Le Roy contre Arimant? j'en viendray bien à bout.

ACASTE.

Quittez, Sire, quittez, cette funefte enuie.
C'eft à nous à combattre, & garder voftre vie.
C'eft à vous feulement à nous donner des loix.

LE ROY.

L'honneur feul eft la vie & le falut des Rois.

ACASTE.

La fageffe eft leur gloire, & fouuent l'imprudence
Les priue en vn inftant des fruicts de leur vaillance.

LE ROY.

Si j'ay les cheueux blancs, j'ay le cœur vigoureux.
Plus vn Prince eft hardy, plus on le voit heureux.

Le Ciel à ma valeur se monstrera propice.

ACASTE.

C'est dans l'extremité qu'il faut qu'vn Prince agisse,
Vn Prince comme vous au retour de ses jours.
Si le Roy de Colchos arriue à leur secours,
Lors vous pourrez agir : s'il combat en personne,
On verra Roy pour Roy, Couronne pour Couronne.
Mais Arimant pour vous n'est pas vn digne objet.
Laissez-le moy domter, sujet contre sujet.
Si l'Amour d'Azamor ne poussoit son courage,
Il deuroit comme vous euiter cét orage.

LE ROY.

Ie suiuray mon dessein, adieu, n'en parlons plus :
Ie me sens, & je suis encor ce que je fus.

SCENE II.

AZAMOR. AÇASTE.

AZAMOR.

ACASTE, allons combattre : ah ! que tout m'est contraire!
C'est pour seruir Mirame, & je ne puis luy plaire.
I'y vais auec ardeur, mais i'y vais sans plaisir,
Puisque c'est vne ardeur contraire à son desir.
Mon secours luy déplaist : le pouuoir de ses charmes
En mesme temps aiguise & rebouche mes armes.
Ie cherche à la seruir, & je voy dans ses yeux
Qu'en tout ce que je faits je luy suis odieux.

F ij

ACASTE.

Pourquoy le penſez-vous?

AZAMOR.

Sa haine eſt trop viſible.
Mais, mon cœur, eſſayons de vaincre l'inſenſible.
Deuant ſes yeux diuins je puis en meſme jour
Faire voir mon courage & mon ardent amour.
Ie ſeray trop heureux, ſi le Ciel me deſtine
A ſurmonter tous ceux qui cherchent ſa ruine ;
Et ſi le coup fatal qui m'en rendra vainqueur
Me fait en meſme temps triompher de ſon cœur.
Mais ſi ce temeraire eſt dedans ſon eſtime,
Pourray-je l'attaquer?

ACASTE.

Seroit-ce donc vn crime
De vaincre vn furieux contre elle meſme armé?

AZAMOR.

S'il eſt vray qu'il l'adore, & qu'il en ſoit aymé,
Il luy bleſſa le cœur, & luy fit vne injure :
Si je la veux ſeruir, faut-il que je l'endure?
Ce ſeroit laſcheté; non, il faut la vanger
Du coup qu'elle a receu de ce Prince eſtranger.
Surmontons ce Riual qui fait toute ma peine;
Et bien que la vanger ſoit encourir ſa haine,
Faiſons ce que l'honneur exige d'vn amant.
Ouy, je la veux ſeruir contre ſon ſentiment;
Et puis qu'à ſa grandeur ſon deſir eſt rebelle,
Il faut aller combattre & contre elle & pour elle.
Et je veux que ſon cœur bruſlant & glorieux,
Blaſme & loüe aujourd'huy mon bras victorieux.

ACASTE

ACASTE.

La gloire suit tousiours l'amour & le courage.

AZAMOR.

C'est au cœur que le cœur rend volontiers hommage.
Ie seruiray l'Estat, & son Pere, & son Roy;
Peut-elle puis apres s'animer contre moy?
En ce cas m'en vanger c'est prendre sa querelle.
Ouy, c'est vanger Mirame, & non me vanger d'elle.
Allons, la nuit nous chasse, & Mars dés le matin
Fera voir de nos jours quel sera le destin.

SCENE III.

MIRAME. ALMIRE.

MIRAME.

LA peur me fait mourir, chere Almire, je tremble:
Ie souhaitte le voir, & le crains tout ensemble.
Ie veux & ne veux pas le bien que je pretends;
Et c'est l'vnique bien toutesfois que j'attends.
Mon ame en cet espoir & contente & honteuse,
Se trouue en mesme temps heureuse & malheureuse.
Ie brusle & je frissonne; & j'auray ce bon-heur
Trop tard pour mon desir, trop tost pour mon honneur.
Amour à nos plaisirs ayme à mesler les crimes,
Et donne plus d'ardeur aux feux illegitimes.
La guerre est resoluë, & par vn attentat
Dans l'Estat je reçoy l'ennemy de l'Estat;

G

Mesmes dans le Palais, & de plus dans mon ame.
Faut-il que je nourrisse vne perfide flame ?
Mais quoy? tous ces remords naissent hors de saison;
Et c'est pour vne amante auoir trop de raison.
Contre tous ces pensers d'autres plus doux me flattent,
Et je sens qu'en mon cœur mes desirs les combattent.
Pluftost.

ALMIRE.

J'entends du bruit, Princesse, les voicy.

MIRAME.

Eft-ce luy?

ALMIRE.

Je le voy.

MIRAME.

J'ay le cœur tout transy.

SCENE IV.

ARIMANT. MIRAME. ALMIRE.
ANTENOR.

ARIMANT.

MON Aftre dans la nuiet efclaire en ce bocage.
Hé Dieux! en cét abord que j'ay peu de courage!
Eft-ce vous? ô beauté, Reine de mes defirs.

ALMIRE.

Quoy? tous vos entretiens fe paffent en foupirs?

ARIMANT.

Adorable beauté, je fens mon ame attainte
De tranfport, de refpect, de defir, & de crainte.
Vous caufez mon filence ; & lors que ie vous vóy
Pour eftre tout en vous , je fuis tout hors de moy.
Deuant l'aimable object des beautez que j'admire,
Ayant trop à penfer je ne fçay que vous dire.
Suppleez, ma Princeffe, au defaut de ma voix.
Vous eftes dans mon cœur, vous y donnez des loix :
La peine que j'y fens vous eft affez cognuë.
Ma penfée à vos yeux s'y monftre toute nuë.
Ou fi vous ne pouuez y voir mon fentiment,
Souffrez que deuant vous je l'ouure hardiment ;
Et que l'ayant ouuert je vous y faffe lire
Ce que dans mon tranfport je ne fçaurois vous dire.

MIRAME.

Leuez-vous, Arimant.

ARIMANT.

Souffrez-moy.

MIRAME.

Ie ne puis.

ARIMANT.

Ie vous adore mieux en l'eftat ou je fuis.
Ainfi que mon amour , mon refpect me l'ordonne.

MIRAME.

Quoy, Prince, voulez-vous que je vous abandonne?

Voulez-vous me defplaire, & ne m'obeïr pas ?

ARIMANT.

Admirable Princeffe, ah ! pluftoft le trefpas.
Donc je vous obeïs.

MIRAME

Quelle caufe foudaine
Auec tant de vaiffeaux à nos bords vous ameine ?

ARIMANT.

C'eft pour vous apporter en triomphe mon cœur.
Pour faire que du Roy mon amour foit vainqueur.
Vous auoir de fon gré, finon à force ouuerte.
Enfin je viens chercher mon bon-heur ou ma perte.
Ou mourir à vos yeux, ou bien vous enleuer,
Si la force d'amour vous porte à l'approuuer.

MIRAME.

Prince, vous m'obligez & m'offenfez enfemble.
Ie veux bien voftre cœur, & qu'Hymen nous affemble,
Quoy que tout l'Vniuers puiffe penfer de moy :
Mais m'enleuer par force à mon Pere, à mon Roy,
C'eft chofe injurieufe à mon Pere, à moy-mefme.
Mon cœur ayme l'honneur, tout autant qu'il vous ayme.

ARIMANT.

Encore que des Roys foient autheurs de mon fang,
Tout mon efpoir s'efteint, penfant à voftre rang.
Mais par mon feul amour mon efpoir reffufcite :
Car l'excés en amour fait l'excés du merite.
Vn Pere ne veut pas que je fois voftre efpoux :
Mais Amour qui le veut eft le pere de tous.

La

La violence eſt propre au Dieu qui nous anime ;
Et porte en meſme temps l'excuſe auec le crime.
Ses feux ſentis de tous, ſont de tous approuuez :
Dans vn fleuue de biens ſes crimes ſont lauez.

MIRAME.

Mon cœur vous ſuit par tout, eſclaue volontaire ;
Et me vouloir rauir, c'eſt me vouloir deſplaire.

ARIMANT.

Dieux ! que feray-je donc en l'eſtat où je ſuis ?
Mourray-je loin de vous, outré de mille ennuis ?
Par la force d'amour, ny par celle des armes,
Ne puis-je, malheureux, conquerir tant de charmes ?
Mirame auec le Roy s'oppoſe à mes amours.
L'vn refuſe ſa fille, & l'autre ſon ſecours.
Conſentez pour le moins que je porte la guerre
A cette bien-heureuſe & mal-heureuſe terre ;
Heureuſe de porter vn miracle parfaict,
Mais qui ſe doit ſentir du refus qu'on me faict.
Mes armes ne feront qu'augmenter voſtre gloire.
Car ſi dans vos Eſtats j'acquiers vne victoire,
Ie remets à vos pieds ma conqueſte à genoux ;
Et le Roy trop heureux la reprendra de vous.
Et vous rendrez par moy, quand je ſeray le maiſtre,
Et le bien & l'honneur à qui vous deuez l'eſtre.

MIRAME.

Puis-je auoir de la gloire auec tant de malheur ?

ARIMANT.

En faueur d'vn amant, ſouffrez quelque douleur.

H

MIRAME.

Si mon Pere à l'hymen se tient tousiours contraire?

ARIMANT.

I'auray l'heur de vous voir, qu'à tout heur je prefere.

MIRAME.

Alors tous vos desirs seront-ils satisfaits?

ARIMANT.

C'est le but de la guerre, & non de mes souhaits.
Ayant receu l'arrest d'vne triste deffense,
Ie n'ose plus parler d'vne autre recompense.
Nous desirons des biens hors de nostre pouuoir,
Qu'on ne peut meriter, mais qu'on peut receuoir.
C'est assez m'expliquer; mon amour, sois modeste.
Vostre esprit penetrant peut bien penser le reste.
Mais puisqu'vn tel espoir me flatte vainement,
Puisque je voy Mirame injuste à son amant,
Puisque ce qui se peut pour moy n'est pas loisible,
Par la guerre mon bras tentera l'impossible.
Ie meurs de ne pas faire encor ce que je doy.

MIRAME.

Ce discours d'Arimant est plus seant à moy.
Quand je pense aux faueurs que mon amour luy donne
Ie ne suy pas les loix que mon deuoir m'ordonne.
Ie meurs de ne pas faire icy ce que je doy :
Car je fay trop pour luy, s'il fait trop peu pour moy.

ARIMANT.

Faite trop peu pour vous, malheureuse impuissance !
Receuoir trop de vous, quelle obligeante offense?

MIRAME.

Ie fçay que doublement j'offenfe mon deuoir.
Sans tefmoins & de nuiƈt icy me laiffer voir,
C'eft mettre dans mon cœur cent tefmoins, qui fans ceffe
Luy pourront reprocher fon crime & fa foibleffe.
Mais je veux bien faillir; & par ce feul effeƈt
Ie fay plus que pour moy vous n'auez jamais faiƈt.
Si le malheur vouloit qu'on fceut noftre entreueuë,
Arimant ne perd rien, mais Mirame eft perduë;
Il peut bien arriuer que vos projets foient vains;
Mais vous n'aurez jamais qu'honneur de vos deffeins.
Pour moy je puis des miens receuoir de la honte:
Ainfi hazardant plus, mon amour vous furmonte.
Toutesfois cette honte a pour caufe vn amour
De qui la pureté peut bien pareftre au jour,
Vn amour ou reluit vne innocente flame.
Ouy, pourueu que les Dieux, Arimant & Mirame,
Sçachent qu'à d'autre mal je ne puis confentir,
Ie le commets fans honte, & fans m'en repentir.
Ma vertu refpondra toufiours à ma naiffance.
Mais que pretendez-vous auec tant de puiffance?
Attaquer mon Païs eft s'attaquer à moy.
Me vouloir voir par force eft m'impofer la loy.
Penfez-vous m'obliger me cherchant de la forte?
Ie ne puis excufer l'amour qui vous tranfporte.
Vous m'armez contre vous, armant contre mon Roy.
Vous aymant, vous m'armez moy-mefme contre moy.
En eë cas mon honneur au combat fe prepare;
Et contre mon amour ma raifon fe declare.

ARIMANT.

Vous armer contre vous? ah! que vous m'affligez.
Que fi vos fentimens fe trouuent partagez,

Mettez ce cœur en deux, afin qu'il puisse prendre
Tous les diuers partis dont vous voudrez vous rendre.

MIRAME.

Et toutefois je crains.

ARIMANT.

Quoy? vous suis-je suspeʿt
De trop d'ambition & de peu de respeʿt?
Craignez-vous mon espée? ah! je brise mes armes;
Et puis que vous doutez du pouuoir de vos charmes,
Ie quitte mon espée, & deteste mon bras.
Ie ne veux plus de cœur; mais Dieux! je ne puis pas
Me passer de mon cœur pour vous aymer sans cesse.
Ie renonce à sa force, & garde sa tendresse.

MIRAME.

Estes-vous raisonnable, Arimant, quel transport?
Estes-vous furieux, estes-vous vif, ou mort?
Vn mot vous desespere, & vous met en furie:
Ie ne veux plus parler.

ARIMANT.

Ah! parlez je vous prie.

MIRAME.

Vostre espée, Antenor: mais ne la rompez pas.
Ie vous en fay present, & vous offre mon bras.
Mais quant à vostre cœur, le partage m'en blesse.
Ie le veux tout entier, auec force & tendresse.
Mais vous aurez le mien; & seul vous animant
Vous viurez pour moy seule, & par moy seulement.
Si vous auez le mien en la place du vostre,
Vous aurez tous les deux, puisque l'vn est dans l'autre.

ARIMANT.

ACTE SECOND.
ARIMANT.

Ah! quel excez de gloire? ah! quel excez de bien?
Ce prefent, voftre bras, voftre cœur pour le mien?
Voftre cœur & le mien? tout me fera poffible;
Et je me feray voir deformais inuincible.

ALMIRE.

Vn moment en amour peut troubler les plus forts:
Puis vn autre moment appaife leurs tranfports.

ARIMANT.

Ie veux fuiure vos loix dans l'ardeur qui m'infpire.
Qu'ordonnez-vous de moy?

MIRAME.

   Ie ne fçay que vous dire.
Mais je tremble en penfant que je vais engager
Mon Pere, & mon honneur, & vous dans le danger.
Ie puis les perdre tous, fi Mars n'eft pas propice;
Et perdant l'vn des trois il faut que je periffe.

ALMIRE.

Comment perdre le Roy? quelle inutile peur?
Sera-t'il au combat?

MIRAME.

   I'ay fon fang dans le cœur:
Ie fens qu'il y veut eftre.

ALMIRE.

   Il a l'ame bien haute:
Mais nous le retiendrons, il feroit vne faute.

I

MIRAME.

Au moins je vous hazarde, & mon honneur auſſi.

ALMIRE.

Tous deux feront vainqueurs.

MIRAME.

Le Ciel le veuille ainſi.

C'eſt là l'vnique eſpoir ou mon eſprit ſe fonde.

Mais ſi je perds l'honneur, je ne puis viure au monde:

Si je perds Arimant, je mourray de douleur;

Et ſi je perds le Roy, je ſuiuray ſon malheur.

ARIMANT.

Vous cherchez vainement des ſujets de vous plaindre.

Perdez tous ces ſoupçons: vous n'auez rien à craindre.

MIRAME.

Qui peut cacher aux Dieux les injuſtes deſſeins?

Ils liſent dans les cœurs; je doy craindre & je crains.

ARIMANT.

Rien n'eſt injuſte en vous, banniſſez toute crainte.

MIRAME.

Si mon honneur pourtant ſouffre la moindre atteinte,

Ie ne puis eſtre à vous.

ARIMANT.

Peut-il eſtre bleſsé?

Peut-il eſtre pour moy par moy-meſme offenſé?

MIRAME.

S'il l'eſt, je ſuis indigne & de vous & de viure.

Dans vos hardis deſſeins j'ay honte de vous ſuiure.

Et ne les fuiuant pas, auec raifon je croy
Que qui me veut par force eft indigne de moy.

ARIMANT.

Ie voy donc fans efpoir cét objet plein de gloire,
Dont mefme je ferois indigne en ma victoire?
Quoy j'en fuis donc indigne, & le feray toufiours?
Pleure, Arimant, le fort de tes triftes amours.
Quoy? je ne l'auray pas, & ne la puis pretendre?
Confomme toy, mon cœur, & te reduits en cendre.
Peux-tu viure, Arimant, fans poffeder fon cœur?
Qu'Azamor mon Riual foit pluftoft mon vainqueur.
Veux-je la poffeder luy faifant vne injure?
Y penfer eft vn crime horrible à la nature,
A la terre, à moy-mefme, aux puiffances des Cieux,
Qu'on ne peut expier qu'en mourant à vos yeux.

MIRAME.

Hé quoy? de mon efpée?

ARIMANT.

Et de plus par vos charmes,
Par vos diuins attraits, pour vous & par vos armes.

ALMIRE.

Il faut viure, Arimant, fans plus vous tourmenter.

ARIMANT.

Quoy? viure fans pouuoir iamais la meriter?

MIRAME.

C'eft trop la meriter que de viure pour elle.

ALMIRE.

Il faut vaincre de plus.

ARIMANT.

Bien, je viuray fidelle.

I ij

Et ſi Mirame veut, je vaincray ſeurement.

ALMIRE.

Suiuez tous vos deſſeins, allez, heureux amant.

MIRAME.

I'y conſens.

ARIMANT.

C'eſt aſſez.

MIRAME.

Sur tout, que cette eſpée
Au ſang de mes parens ne ſoit jamais trempée.

ARIMANT.

Mais bien pluſtoſt au mien, je vous en puis jurer.

MIRAME.

Le iour commence à naiſtre, il ſe faut retirer.

ARIMANT.

Non non, ce ſont vos yeux qui font cette lumiere.

MIRAME.

Le Soleil toutesfois commence ſa carriere.

ARIMANT.

Ah! Soleil, trop ialoux, ou plein de vanité,
Qui crois ſur l'Oriſon faire voir ta beauté,
Sçais tu bien qu'en eſclat Mirame te ſurmonte?
Ne te haſte point tant pour pareſtre à ta honte.
Ah! retarde vn moment, ceſſe vn peu de courir.
Helas! tu fais tout viure, & tu me fais mourir.

MIRAME.

MIRAME.

Il vous chaſſe, & ſans fruiƈt vos diſcours l'entretiennent.

ARIMANT.

Vn Aſtre me bannit, deux plus beaux me retiennent.

MIRAME.

Il faut nous ſeparer.

ARIMANT.

Ie le veux & ne puis.
Comment le puis-je faire en l'eſtat où je ſuis ?
Malgré tous les appas que vos regards reſpandent ?
Voſtre bouche le veut, vos yeux me le deffendent.
Deſtournez vos regards.

MIRAME.

Ie n'ay pas le pouuoir
De perdre vn des moments qui reſtent à vous voir.
Prince, retirez-vous.

ARIMANT.

Que faut-il que je faſſe ?
Mirame en meſme temps me retient & me chaſſe.
Ie veux vous obeïr, & ne puis vous quitter.
Retardant mon depart, que dois-je redouter.
La mort ? en vous laiſſant je vay perdre la vie.
Les fers ? ma liberté par vous me fut rauie.
Les tourmens ? ſans vous voir j'auray mille douleurs.
La honte ? le meſpris ? l'outrage ? les malheurs ?
La perte de l'eſpoir d'vne grande victoire ?
Sans vous voir je ne veux ny puiſſance ny gloire.

K

Ambitieufe ardeur qui flattez mes defirs,
Authorité, fortune, efclat, pompe, plaifirs,
Honneurs, palmes, lauriers, grandeurs, fceptre, couronne,
Pour voir cette beauté mon cœur vous abandonne.
Venez, tous les ennuis, venez tous les tourmens.
Pertes, craintes, dangers, douleurs, faififfemens,
Venez tous à la fois pour renuerfer ma joye;
Ie ne vous fuiray point, pouruu que je la voye.

M I R A M E.

Prince, confolez-vous; voftre viue douleur
En mefme temps m'oblige, & me perce le cœur.
Penfez qu'en demeurant au cœur de voftre amante,
Vous ne la quittez point, elle vous eft prefente,
Elle vous fuit par tout : vous quitterez ce lieu,
Et fans nous feparer, & fans befoin d'adieu.
Le quitter eft vn mal, mais j'en crains bien vn autre.

A R I M A N T.

M'efloigner eft ma perte, & tarder eft la voftre.
Doncques il faut quitter ce bienheureux fejour.

M I R A M E.

Ouy, je vous en conjure au nom de noftre amour.

A R I M A N T.

Quoy donc, contre luy mefme amour me follicite.
Amour m'a fait venir, veut-il que je vous quitte?

M I R A M E.

Il le veut, il le faut.

ARIMANT.

Dur combat de mes sens!

MIRAME.

Prince, je ne dis pas tout l'ennuy que je sens.
C'est trop, retirez-vous.

ARIMANT.

Adieu donc, ma lumiere.
Ie ne puis vous quitter, quittez-moy la premiere.

MIRAME.

Que ne puis-je plustost me noyer dans mes pleurs.
Adieu donc.

ARIMANT.

Ah! ma vie, ah mon ame, ah je meurs.

SCENE V.

MIRAME. ALMIRE.

MIRAME.

QV'ay-je dit? qu'ay-je faict? je suis bien criminelle.
Que d'infidelitez pour paraestre fidelle!
I'abandonne mon sang, mon païs, mon honneur,
Mon deuoir, ma raison, mon repos, mon bon-heur,
La grandeur de mon rang, la vertu de mon ame,
Pour n'auoir pas le cœur d'abandonner ma flame.
I'ay faict d'vn temeraire vn amant glorieux.
I'ay mis le fer moy-mesme aux mains d'vn furieux,

K ij

Qui feignant de m'aymer auec idolatrie,
Peut eftre pour tout but veut perdre ma Patrie.
Ie tremble & je crains tout : les feüilles de ce bois
Me femblent deuenir des langues & des voix,
Pour dire les erreurs que l'amour me confeille,
Et que pour les ouïr le monde eft tout oreille.
Penfé-je les cacher en ce bord efcarté ?
Mon crime eft-il moins noir dedans l'obfcurité ?
Non, des-ja chacun parle & fe plaint de mon crime.
Ie me voy fur le point de perdre toute eftime.
Mes feux vont efclatter : mon cœur ne peut mentir,
Et ne peut fe refoudre à feindre vn repentir.
Ah ! Mirame, à quel point te reduit ta mifere ?
De qui te plaindras-tu ? fera-ce de ton Pere ?
Non, il veut la raifon : fera-ce d'Arimant ?
Suiuant ta paffion, il fuit ton fentiment.
En plaignant mon malheur, je me plains de moy-mefme,
Et cheriffant mon mal, c'eft mon crime que j'ayme.
Helas ! fi mon amant n'eftoit que dans mon cœur,
I'y pourrois bien cacher cét aymable vainqueur ;
Mais il eft dans mes yeux, & chacun l'y defcouure.
Ma bouche le declare auffi-toft que je l'ouure.
Et qui plus eft, mon cœur me deffend de cacher
Ce qu'il a de plus doux, ce qu'il a de plus cher.
Mais auffi, mon amour eft remply d'innocence.
Amour qui fais mon mal, fois auffi ma deffence.
La vertu d'Arimant regle tous fes defirs.
Dans le bien de me voir il borne fes plaifirs.
En merite, en valeur il eft incomparable.
Qui donc auec raifon me peut juger blafmable ?
Si je cede à l'Amour, ayant bien combattu,
Ie fçay loger mon cœur ou loge la Vertu.

ACTE

ACTE TROISIESME.

SCENE PREMIERE.

MIRAME. ALMIRE.

MIRAME.

AH! que viens-je d'ouïr? les funestes nouuelles!

ALMIRE.

Au moins tous nos soldats courageux & fidelles
Ont faiét en ce combat des efforts dignes d'eux.

MIRAME.

Mais l'Admiral est mort.

ALMIRE.

                    En homme genereux.
Ne pouuant mieux du sort repousser les injures,
Luy-mesme en ses vaisseaux il fait cent ouuertures.
Engloutissant ainsi, par vn acte nouueau,
Les ennemis & luy dans vn mesme tombeau.

L

MIRAME.

Son courage me plaift, mais fon malheur me tuë.

ALMIRE.

Encor n'eft-ce pas tout, Diofpole eft perduë.
Le Gouuerneur eft mort, fon fils en ce malheur
Reduit dans le chafteau monftre encor fa valeur.

MIRAME.

Que mon fort eft cruel ; à quoy fuis-je foumife ?
On nous preffe, on nous bat, vne ville eft conquife :
Et je voy menacer par ce trifte accident
Mon Pere, & fon Eftat, d'vn peril euident.
Donc pource qu'Arimant veut poffeder Mirame,
Nos peuples fouffriront & le fer & la flame ?
Donc, pource que mon cœur prend part à fes douleurs,
Il nous fera verfer & du fang & des pleurs ?
Donc, cét ingrat amant me rendra miferable,
Parce que je l'ay veu d'vn œil trop fauorable ?
Ne peut-il eftre heureux fans me faire perir ?
Et faut-il qu'il me perde afin de m'acquerir ?
I'aurois bien peu d'honneur ; moins encor de prudence,
De me laiffer gaigner par cette violence.
Voudrois-je confentir aux deffeins d'vn amant,
Qui de mes defplaifirs faict fon contentement ?
Et qui pour releuer l'efclat de fa victoire,
Veut deftruire mon fang, mon Païs, & ma gloire ?
Helas! que juftement je dois verfer des pleurs,
Puifque mon crime feul a caufé nos malheurs.
I'ay permis l'attentat, j'ay fouffert l'infolence
Qui de tout noftre empire eftonne la puiffance.
Malheureufe Princeffe, ah! que j'efprouue bien,
Qu'vn amour violent ne confidere rien,

Et qu'il engage vne ame à plus qu'elle ne penfe.
Sa victoire me plaift, encor qu'elle m'offenfe,
Quel defordre? je l'ayme, & je luy veux du mal
De voir que fon bon-heur foit au noftre fatal.

ALMIRE.

La fortune qu'on peint volage & paffagere,
Nous approche & nous fuit d'vne aifle fi legere,
Qu'on doit bien redouter fes diuers mouuemens.
Arimant pourroit bien fentir fes changemens.

MIRAME.

Si mes vœux font receus, bien toft cette volage
Tournera contre luy le fer qui nous outrage.

ALMIRE.

Mais vous changez vous-mefme.

MIRAME.

Il n'eft point de bon-heur
Qui nous puiffe flatter feparé de l'honneur.
Bien que j'ayme ardemment celuy qui nous furmonte,
Son bon-heur me deplaift, car fa gloire eft ma honte.

ALMIRE.

Sa gloire fait la voftre.

MIRAME.

Almire, parle mieux.
Nous demeurons vaincus, s'il eft victorieux.

L ij

ALMIRE.

Mais ce n'eſt que pour vous qu'il gaigne la victoire.
Il ſouſmet à vos pieds ſa puiſſance & ſa gloire.
C'eſt de vous que dépend ſa force & ſon bonheur.

MIRAME.

C'eſt volotairement qu'il me rend cét honneur :
Mais tout noſtre pouuoir luy cede par contrainte ;
Et ce ſort inégal faict mes pleurs & ma plainte.

SCENE II.

LE ROY. MIRAME.

ALMIRE. ACASTE.

LE ROY.

A LA fin les vaincus ſont demeurez vainqueurs.
La fortune eſt changée ; hé quoy, Mirame en pleurs.
O le trouble cruel que le deſtin m'enuoye !
Ma fille veut ma perte, & pleure de ma joye.
O Prince malheureux, meſme dans ton bon-heur !

MIRAME.

Le Roy paroiſt troublé : que penſes-tu, mon cœur ?
Te verra-t'on content des malheurs de mon Pere,
Tandis que ma raiſon deplore ſa miſere ?

LE ROY.

Sçachons ſes ſentimens.

MIRAME.

MIRAME.

Ah! que diray-je au Roy?
Comment luy parleray-je au trouble où je me voy?

LE ROY.

Dieux! quelle impieté? pleurer de ma victoire?

MIRAME.

Ie pleure d'auoir sceu qu'Arimant plein de gloire
Desia sous son orgueil tient vos peuples sousmis.

LE ROY.

Cela n'est pas.

MIRAME.

Comment?

LE ROY.

Les destins ont permis
Qu'Azamor ait enfin ses palmes estouffées,
Et dessus sa ruine esleué nos trophées.
Tous ses braues soldats sont en fuite ou sont morts,
Et luy-mesme s'est veu domté pres de nos bords.

MIRAME.

Ce recit tout nouueau me surprend & me change.

LE ROY.

Qu'Azamor est vaillant & digne de loüange!
Ie dois à ses exploits ma gloire & mon repos.
Raconte luy le tout, Acaste, en peu de mots.

M

Escoutez le succez d'vne belle entreprise.

ACASTE.

Arimant triomphoit dans la ville conquise,
Quand le grand Azamor d'vn inuincible cœur,
Y vint suiuy des siens pour vaincre le vainqueur.
Arimant les souftient: chacun d'vn grand courage
Faict de ceux qu'il rencontre vn horrible carnage.
Ils se cherchent tous deux pleins de noble chaleur,
Pour trouuer vn sujet digne de leur valeur.
Du sang qu'ils font verser les places sont trempées.
Ils se font vn passage auecques leurs espées.
Ils s'attaquent soudain, se portent mille coups,
Et par la resiftance allument leur courroux.
La vaillance de l'vn à l'autre se compare.
Mais encore vne fois la foule les separe.
Lors Azamor combat auec vn tel effort,
Qu'Arimant dans la presse est porté jusqu'au port.
En vain il parle aux siens, il crie, il frape, il tuë.
Il ne peut releuer leur ardeur abbatuë.
Tous se jettent dans l'eau: resté seul sur le bord,
De nos soldats ardans il souftient tout l'effort.
Chacun craint ou ressent son inuincible audace.
Puis se jettant dans l'onde encore il nous menace;
Et d'vn bras negligent il fend le sein des eaux,
Pour rencontrer la mort pluftoft que ses vaisseaux.

LE ROY.

Ie ne sçaurois juger par les yeux de Mirame
Si la haine ou l'amour regnent dedans son ame.

ACASTE.

Mais enfin Azamor ne pouuant endurer
Que l'on voye à ses yeux ce chef se retirer,

Reſſent dedans ſon cœur vn feu qui le maiſtriſe.
Lors pouſsé du deſir d'vne ſi belle priſe,
Il ſe jette en la mer; il combat ſans repos
D'vne main Arimant, & de l'autre les flots.
Arimant ſe deffend, enfin on l'enuironne,
On ſaiſit ce guerrier, la force l'abandonne.
En vain contre luy-meſme il veut tourner ſon fer.
Tout bruſlant de cholere, & trempé de la mer,
On l'ameine au riuage.

MIRAME.

Il eſt donc pris, Almire.
Ah! qu'eſt-ce que j'entens?

LE ROY.

Quoy? voſtre cœur ſouſpire?

MIRAME.

C'eſt auecques raiſon qu'il ſouſpire & me bat,
Puis qu'il apprehendoit la fin de ce combat.

LE ROY.

Il eſt en mon pouuoir, ce guerrier temeraire.
Nous ſçaurons maintenant ce qu'il pretendoit faire.
Deſcouurez ſon deſſein : vous auez ce pouuoir.
Vous le verrez bien-toſt.

MIRAME.

Comment le puis-je voir?

M ij

LE ROY.

Mon ennemy captif vous est-il redoutable?

MIRAME.

Il est vostre ennemy, mais il est miserable.
L'vn excite ma haine, & l'autre ma pitié.
Mon cœur est attendry malgré l'inimitié.
Si je le traitte bien, je me fais vn outrage :
Si je le traicte mal, j'offense mon courage.

LE ROY.

En fin vous le verrez, l'orgueilleux estranger,
Ou pour le consoler, ou bien pour nous vanger.

MIRAME.

Pourray-je consoler l'ennemy de mon Pere?
Donc ma langue à mon cœur se trouueroit contraire.
Ou pourray-je augmenter les maux d'vn affligé?
Quoy? se vanger encore apres s'estre vangé?

LE ROY.

Le voyant, vous plaindrez le sort d'vn miserable,
Qui nous a voulu nuire, & n'en est plus capable.

MIRAME.

N'employez point mes yeux à le faire mourir.

LE ROY.

Si vos yeux luy font mal, ils sçauront le guerir.

MIRAME.

MIRAME.

Vos foupçons font cruels; ah! qu'ils me font de peine!

LE ROY.

Qu'elle fçait bien couurir fon amour & fa haine.

MIRAME.

En vn mot je ne puis confentir à le voir.
Ie ne puis l'outrager, ny flatter fon efpoir.

LE ROY.

Ie le veux, il le faut, c'eft à vous de me plaire.

MIRAME.

C'eft à moy d'obeïr, c'eft à moy de me taire.

LE ROY.

Acafte cachez-vous derriere ces Cyprés;
Et fans qu'elle s'en doute efcoutez leurs fecrets.
Vn mot, vne action, peut donner cognoiffance
De ce qu'elle me cache auec tant d'affeurance.

SCENE III.

MIRAME. ALMIRE.

MIRAME.

IL eft desfaict, Almire; & je fens que mon cœur
Ayme Arimant vaincu, qu'il haïffoit vainqueur.

Helas! de tous coftez fon fort me defoblige.
Son bonheur me troubloit, fa difgrace m'afflige.
Comment puis-je efperer de guerir quelque jour,
Si fa cheute releue encore mon amour?
Il ne faut qu'vn feul coup de mauuaife fortune,
Pour eftouffer l'amour dans vne ame commune:
Mais mon ardeur s'accroift dans fes aduerfitez.
Les Dieux qu'à nos Autels j'ay fouuent vifitez,
Ont exaucé mes vœux comme eftant equitables,
Et non mes fentimens qui font defraifonnables.
Oüy, je l'ayme vaincu plus que victorieux.
Tous adorent l'efclat du grand flambeau des Cieux,
Moy j'ayme mon Soleil dans fon éclypfe mefme.
Oüy, je le dis tout haut, cher Arimant, je t'ayme.
Si ton fort eft changé, mon amour ne l'eft pas.
Mon cœur qui veut t'aymer, mefme aprés le trefpas,
Verroit que fon amour feroit bien peu parfaicte,
S'il ne pouuoit t'aymer aprés vne desfaicte.
Ie t'ayme dans les fers plus que dans ta grandeur.
L'excez de tes malheurs redouble mon ardeur.
Monftrons en l'imitant vne ame non commune.
Il a pour fon amour immolé fa fortune:
Noftre foy doit refpondre à l'excez de fa foy:
Sus, perdons tout pour luy, puis qu'il perd tout pour moy.
Deuoir, pudeur, fageffe, efpoir d'vne couronne,
Pere, Eftat, joye, honneur, tous je vous abandonne.

ALMIRE.

Princeffe, moderez cét extreme tranfport.

SCENE IV.

MIRAME. LE GRAND PREVOST.
ARIMANT. ALMIRE.

MIRAME.

AH! voicy qu'on l'ameine : inconftance du fort!
Dieux! que de changemens arriuent en peu d'heures!
Naguere il a quitté ces heureufes demeures
Triomphant de mon cœur, & je le voy captif.

ALMIRE.

Calmez voftre vifage.

MIRAME.

O bon-heur fugitif!
O deftin : fouftien moy, chere Almire, je tremble.

LE GRAND PREVOST.

L'ordre nous eft donné de vous laiffer enfemble.

SCENE V.

ARIMANT. MIRAME. ALMIRE.

ARIMANT.

IL faut mourir, Princeffe.

MIRAME.

MIRAME.

Ah Dieux! pourquoy mourir?

ARIMANT.

Pour n'auoir peu pour vous ny vaincre, ny perir.

MIRAME.

Le fort a de vos mains arraché la victoire:
Mais vaincre le fort mefme eft bien plus grande gloire.
Qui fçait bien fupporter vn accident fatal,
En reçoit plus d'honneur qu'il n'en reçoit de mal.

ARIMANT.

Quiconque ne fçait pas acquerir par les armes
La beauté dont fon cœur adore les doux charmes,
Ayant eu le bonheur d'acquerir fon amour,
Eft indigne à jamais de regarder le jour.

MIRAME.

I'eftime les deffeins que la vertu faict naiftre,
Sans prifer les fuccez, dont le fort eft le Maiftre,

ARIMANT.

Il vaut bien mieux mourir que viure fans honneur.

MIRAME.

Eftre aymé de Mirame eft honneur & bon-heur.

ARIMANT.

C'eft vn honneur fi grand qu'aucun ne le merite.
Moins que tous vn captif contre qui tout s'irrite.

O fort,

O fort, fouuent contraire aux deffeins genereux,
Par qui les plus hardis font les plus malheureux,
Par ta feule rigueur le Prince qui me domte,
Me charge maintenant & de fers & de honte.

MIRAME.

Si mon Pere vous traitte auec feuerité,
Vangez vous de fa fille auecques cruauté.
I'y confens.

ARIMANT.

Non pas moy : pour comble de mifere
Vous rendrois-ie le mal que me fait voftre Pere ?
Ce feroit acheuer ce qu'il a commencé.
Ie fouffre, mais ie vis, ie ne fuis que bleffé :
Mon mal n'eft pas mortel, mais le voftre me tuë.
Non, pourueu qu'Arimant languiffe à voftre veuë,
On ne le peut traitter auec tant de rigueur,
Qu'il ne beniffe encor fes fers & fon malheur.

MIRAME.

Vos fers feront les miens.

ARIMANT.

Ainfi fans la victoire
Ie triomphe captif, & fuis comblé de gloire.

MIRAME.

Et vous la meritez.

ARIMANT.

Ainfi i'ay beaucoup fait.
Ayant beaucoup tenté pour vn fi digne obiect.

O

Viuant dans voftre cœur, & dans voftre penfée,
Ie benis ma difgrace, & ie la tiens paffée.
Ie cheris ma prifon : on m'y verra conftant:
Et doublement captif, on m'y verra content.
Et la guerre & l'amour rau'ffant ma franchife,
Ie fens que ie la veux, lors que ie la mefprife.
Le fer, le feu, la mort, & l'horreur des Enfers,
Ne fçauroient m'empefcher d'eftre heureux dans mes fers.
Ie fuis libre auec eux.

MIRAME.

Voftre gloire eft plus grande
Qu'au pouuoir d'vn captif captiue ie me rende,
Que fi dedans vn Char fuperbement vainqueur
Vous traifniez apres vous & mon Pere & mon cœur.

ARIMANT.

Auiourd'huy voftre cœur acquiert vne victoire,
Dont nulle autre iamais n'égalera la gloire.
Ouy, i'admire ce cœur, dont la noble amitié
Fait vn obiet d'amour d'vn obiet de pitié.
Tout captif que ie fuis, cette voix que i'adore
M'obligeant de nouueau vient me lier encore.
Donc par voftre bonté mes maux font furmontez ?
Doncques ie me verray vaincu de tous coftez ?
Prifonnier dans la guerre, & tout chargé de honte,
Faut-il que dans l'amour encore on me furmonte ?
Vn mefme fang deux fois me furmonte en vn iour,
Le Pere par le fer, la fille par l'amour.

MIRAME.

L'vn vous a mis par terre, & l'autre vous releue.

ARIMANT.

Ce qu'il a commencé voſtre bonté l'acheue.
Prenant part à mes maux ie veux & dois mourir.
Voſtre douleur me tuë au lieu de me guerir.

MIRAME.

Quoy qu'on ait reſolu, meſme ſort nous arriue.
Vous ſerez priſonnier, & moy voſtre captiue.
Craignez vous de vous voir enfermé dans des tours,
Puiſque vous enchaiſnez l'obiect de vos amours ?
Ie vous verray ſouuent, tantoſt par ma preſence,
Tantoſt par ma penſée & par intelligence.
Ie vous conſoleray dans tous vos déplaiſirs;
Souuent par mes regards, touſiours par mes deſirs.

ARIMANT.

Ie viuray trop content au cachot le plus ſombre,
Si par fois ſeulement ie voy paſſer voſtre ombre.
Si ie ſuis par vn mot certain de voſtre foy,
Et ſi ie puis penſer que vous penſez en moy.

MIRAME.

Pourueu que vous viuiez ie vaincray tous obſtacles.
Amour pour vous ſeruir me promet des miracles.
Quoy qu'on puiſſe oppoſer i'en viendray bien à bout.

ARIMANT.

Ie n'ay plus rien à perdre, & pourtant ie crains tout.
Ie crains.

MIRAME.

Quoy ? quelle peur rend voſtre eſprit malade?

MIRAME.

ARIMANT.

Que le grand Azamor en fin vous perſuade.

MIRAME.

Il eſt mon ennemy ; ſuiuray-ie ſon conſeil ?

ARIMANT.

Quel qu'il ſoit, ma Princeſſe, il n'a point ſon pareil.
Il ſera prés de vous, & ie crains ſa preſence.
Ie ſeray loin de vous, & ie crains mon abſence.

MIRAME.

S'il eſt loin de mon cœur, le tiendrez vous preſent ?
Eſtant dans mon eſprit, croirez vous eſtre abſent ?

ARIMANT.

L'obieĉt émeut les ſens, l'abſence eſt dangereuſe.

MIRAME.

Nul obieĉt ſans vous voir ne me peut rendre heureuſe.

ARIMANT.

Il eſt libre & vainqueur, moy captif & vaincu.

MIRAME.

Ie mourray ſous vos loix ainſi que i'ay vécu.

ARIMANT.

Mais il eſt tout puiſſant, & ie ſuis dans les chaiſnes.
MIRAME.

MIRAME.

Aimant fans que je l'aime, il fera dans des gefnes.
S'il eft victorieux, ce n'eft pas de mon cœur.
Si vous eftes vaincu, vous eftes mon vainqueur.

ARIMANT.

Ah! je crains plus que tout l'efclat de fa couronne.

MIRAME.

Moy, j'ayme celle-là que la vertu vous donne.

ARIMANT.

Mais je fuis né fujet.

MIRAME.

Vous l'eftes de mes loix.
Azamor pour ce rang perdroit le rang des Rois.

ARIMANT.

Voftre Pere peut tout.

MIRAME.

L'amour eft volontaire;
Il ne craint le pouuoir ny d'vn Roy ny d'vn Pere.

ARIMANT.

L'amour par le deuoir fe verra combatu:
Et fçachant mes defauts je crains voftre vertu.

MIRAME.

La voftre m'affermit.

P

ARIMANT.

Ie crains l'obeiſſance.

MIRAME.

Plus que toute vertu j'eſtime la conſtance.

ARIMANT.

Ah! je me crains moy-meſme, & j'ay peur que mes ſens
Ne puiſſent reſiſter au mal que je reſſens.

MIRAME.

C'eſt là toute la peur dont mon ame eſt attainte.
Ne craignant rien de moy, de vous ſeul vient ma crainte.
Mon malheur toutesfois viendroit-il de mon bien?
En deſpit des deſtins, Prince, ne craignons rien.
Contre leur tyrannie armons noſtre courage.
Le ſort à la vertu ne peut faire d'outrage;
Et ſur luy noſtre amour remportera l'honneur.
De noſtre fermeté dépend noſtre bonheur.

ALMIRE.

Ne parlez pas ſi haut, Princeſſe, on vous eſcoute.

MIRAME.

Adieu, cher Arimant, je vay dans cette route.
I'apperçois Azamor, je ne puis l'endurer.
Puis j'entens quelque bruit.

SCENE VI.

ACASTE. MIRAME. ARIMANT.

LE GRAND PREVOST.

ACASTE.

Il faut les feparer.

MIRAME.

Adieu.

ACASTE.

Suiuez voftre ordre.

ARIMANT.

O bonté fecourable !
Prince heureux pour le moins autant que miferable.

ACASTE.

Leur flame eft trop certaine : il le faut efloigner.

LE GRAND PREVOST.

Suiuez-nous, vaillant Prince.

ARIMANT.

Ou me doit-on mener ?

LE GRAND PREVOST.

Dans vn fort fur la cofte, & loin de deux journées.

ARIMANT.

Nouuelle cruauté des dures deftinées !
Prince trop malheureux, ah ! quitte ton efpoir.
Il faut perdre le jour perdant l'heur de la voir.

SCENE VII.

AZAMOR. ACASTE.

AZAMOR.

VOvs qui fçauez l'excez du mal qui me tourmente,
Dites-moy librement fi Mirame eft contente.

ACASTE.

Elle a fujet de l'eftre, & pourtant ne l'eft point.

AZAMOR.

Quel malheur deplorable à mon bon-heur eft joint?
Si Mars me fauorife, Amour me defefpere.
Celuy-cy m'eft cruel, quand l'autre m'eft profpere.
Voyez en quel eftat mon deftin me reduit?
Vn Dieu me fauorife, vn autre Dieu me nuit.
Puis-je me dire heureux mefme dans la victoire?

ACASTE.

Peut-on ne l'eftre pas eftant fi plein de gloire?

AZAMOR.

AZAMOR.

Comment pourrois-ie l'eſtre, eſtant ſi mal traitté
D'vn œil plein de rigueur autant que de beauté ?

ACASTE.

Mirame cache bien les ſecrets de ſon ame.

AZAMOR.

Il manque à mon bon-heur d'eſtre aimé de Mirame ;
Ou pluſtoſt à ma gloire il manque ce ſeul point ,
Que n'eſtant point aimé ie peuſſe n'aimer point.
Si ſon cœur à l'amour ſe fait voir inuincible,
Surmonter le mien propre eſt-ce choſe impoſſible ?
Ie le puis, ie le veux, il le faut, ie le doy.
Qu'elle garde ſon cœur, que le mien ſoit à moy.
Ouy , ie la veux quitter.

ACASTE.

Ce changement me touche.

AZAMOR.

Helas ! ne craignez rien, mon cœur dément ma bouche ;
Mais où va la Princeſſe ? elle fuit de mes yeux.
Et ie ſuis à ſa veuë vn obiect odieux.

ACASTE.

Ah ! ne le croyez pas.

AZAMOR.

Sa haine eſt trop viſible.

Q

Sus, mon cœur, fay toy voir ainfi qu'elle infenfible.
Ou pour me conferuer & l'honneur & le iour,
Sois fenfible au dépit, auffi bien qu'à l'amour.
Dépit, foible ennemy d'vne puiffante flame,
Qui contre tant d'ardeur veux mutiner mon ame,
Que tu combas en vain l'efpoir de mes plaifirs,
En formant vn defir contraire à mes defirs.
Oüy , ie me fens moy-mefme à moy-mefme rebelle,
Quand ie tafche d'efteindre vne amour immortelle.
La raifon veut qu'on ayme vn chef d'œuure des Cieux,
Qui rauit les efprits , & qui charme les yeux :
La raifon veut qu'on fuiue vn deffein legitime:
La raifon dit qu'aux Rois l'inconftance eft vn crime:
Elle veut que ie tafche à dompter mon Riual,
Que ie tire vn honneur de ce qui fait mon mal;
Qu'en vn fecond combat ie merite Mirame:
Que i'arrache par force vne erreur de fon ame ;
Et que ie faffe en fin qu'elle reuienne à foy,
Et defdaigne vn fujet pour efpoufer vn Roy.
Qui fuit fes paffions eft fouuent excufable:
Et qui fuit la raifon eft toufiours eftimable:
Qui fuit les deux , fe void heureux en fes defirs;
Et recueille la gloire au milieu des plaifirs.
Surmontons le malheur par force ou par addreffe,
Par valeur mon Riual, par deuoirs ma Princeffe;
Et fans que le dépit tente ma guerifon ,
Suiuons nos deux vainqueurs, l'amour , & la raifon.

ACTE QVATRIESME.

SCENE PREMIERE.

MIRAME. ALMIRE.
MIRAME.

ALMIRE, il eſt donc mort ; & ce cœur genereux
N'a peu ſouffrir les loix d'vn ſort ſi malheureux :
Mais, Almire, eſt li vray ?

ALMIRE.

Ie n'oſois vous le dire :
Mais il eſt trop certain.

MIRAME.

Il eſt donc mort, Almire.
Ah ! quel étrange effet de courage & d'amour !
Ie n'ay plus rien à perdre en ce funeſte iour.
Que tout dans l'Vniuers s'abyſme & ſe confonde :
Periſſent les humains, le Ciel, la Terre, & l'Onde :
Rien ne puiſſe ſuruiure à l'obiet de ma foy.
Quoy ! la mort auroit pris mon Arimant ſans moy ?

Q ij

Il feroit defcendu dans la demeure fombre ;
Et l'aftre de mes iours ne feroit plus qu'vne ombre ?
Ah! ie ne le puis croire, Almire, il n'eft point mort.
Nos deftins font regis par vn femblable fort.
Il n'a pas fuccombé fous la Parque infolente ;
Puifque i'eftois fa vie, & que ie fuis viuante.

A L M I R E.

Il eft mort, ma Princeffe.

M I R A M E.

Almire, Ie me meurs.

A L M I R E.

Ah Dieux! le cœur luy manque : helas ! que de malheurs !

M I R A M E.

Non , non , il n'eft point mort ; ie le voy qui s'approche ;
Et fon charmant abord fendroit vn cœur de roche.
Il m'inuoque, il m'adore, il fe met à genoux.
Quel refpect ? quelle grace ? Arimant, leuez vous.

A L M I R E.

Helas ! pauure Princeffe, elle femble infenfée.
Leur entretien paffé reuient en fa penfée.

M I R A M E.

Almire, vois-tu pas fon amoureux tranfport ?
Ses yeux vifs & perçans? non , non , il n'eft pas mort.
Il m'écoute, il me parle, il dit que fon aimée
Eft de mes volontez feulement animée.

C'eft

C'eſt pour moy qu'il veut vaincre; il ne peut dire adieu:
Mais de peur que le jour le deſcouure en ce lieu,
Il ſe faut retirer : ah ! que ſon cœur endure !
Va t'en, cher Arimant, va t'en, je t'en conjure.
Entens-tu qu'il me dit, ſe fondant tout en pleurs,
Ie le veux, il le faut, j'obeïs, mais je meurs.

ALMIRE.

Dieux ! quel trouble d'eſprit ?

MIRAME.

Il reuient, chere Almire.
On l'ameine captif : il ne ſçait que me dire.
O pitoyable objet ! il dit qu'il veut mourir,
Pour n'auoir peu pour moy ny vaincre ny perir.
Viuez, cher Arimant, ſans vous je ne puis viure.
Ou bien ſi vous mourez je ſçauray bien vous ſuiure.
Il ſe reſout enfin dans vn ſi triſte ſort.
Il me promet de viure, Almire, il n'eſt point mort.

ALMIRE.

Helas ! fut-il bien vray : mais voſtre reſuerie
Vous repreſente en vain ce qui n'eſt plus en vie.

MIRAME.

Quoy je reſue ? il n'eſt plus ? hé ! qui l'a faiƈt mourir ?

ALMIRE.

En vous perdant de veuë il a voulu perir.
Sçachant qu'on l'emmenoit loin de voſtre preſence,
Que de vous voir jamais il perdoit l'eſperance,
Il a voulu mourir, ne pouuant voir le jour
S'il ne voyoit encor l'objet de ſon amour.

R

Resté seul en sa chambre auec vn sien esclaue,
Voy, dit-il, à quel point la fortune me braue.
Sauue-moy de ses mains, Arcas, je veux mourir.
D'vn seul coup, cher Arcas, tu me peux secourir.
Desrobe aux ennemis la moitié de leur gloire.
Retranche leurs lauriers, partage leur victoire.
Ils me veulent viuant, oste-leur ce butin;
Et sauuant mon honneur acheue mon destin.
Qu'à ce noble dessein ta main soit occupée.
Tu vois que par honneur ils m'ont laissé l'espée.
Pren-là, fay qu'elle serue à sauuer mon honneur.
Frape, garde pourtant de toucher à mon cœur,
A ce cœur inuincible, à ce cœur tout de flame,
De crainte de fraper l'image de Mirame.
Puis quand ta main fidelle aura fait son deuoir,
Va t'en trouuer Almire, & luy fais tout sçauoir.
Ayant dit son desir, l'esclaue l'effectuë,
Il regarde l'espée, il la tire, il le tuë.

MIRAME.

Ah! Dieux!

ALMIRE.

Lors tout tremblant il est venu vers moy.
Il m'a faict ce recit, puis tournant contre soy
Le fer encor sanglant, pour ne le pas suruiure,
Il s'est percé le cœur, disant je vay le suiure.

MIRAME.

Arimant est donc mort?

ALMIRE.

N'esperant plus vous voir.

MIRAME.

Donc ne le voyant plus, mourir est mon deuoir.

ALMIRE.

Viuez pour luy pluftoft.

MIRAME.

Ah! confeil inutile.

ALMIRE.

La mort n'a qu'vn inftant, & la vie en a mille,
Qui font tous confacrez à ce qu'on doit cherir.
Viure pour ce qu'on aime eft bien plus que mourir.

MIRAME.

Arimant eft donc mort? ô fortune inconftante!
Arimant eft donc mort, & Mirame eft viuante.
Puis-je fouffrir le jour fans luy manquer de foy?
Puis-je viure fans luy s'il n'eft mort que pour moy?
Que le Ciel à mon fexe a donné de foibleffe?
Vn efclaue aujourd'huy peut plus qu'vne maiftreffe.
Il a pù le tuër, & moy bruflant d'amour
Ie n'ay pù par mes foins luy conferuer le jour.
Toutesfois qu'ay-je dit? non non, ce miferable
Du meurtre d'Arimant n'eft pas le plus coupable.
C'eft moy qui l'ay commis, ma main l'a faict perir,
En luy donnant le fer dont il s'eft faict mourir.
Cependant cette main, cette main indifcrette
Ne vange pas encor la faute qu'elle a faicte;
Et me laiffant furuiure vn trefpas auancé,
Elle n'ofe acheuer ce qu'elle a commencé.

ALMIRE.

Il faut fe confoler, ce mal eft fans remede.

MIRAME.

Helas! c'eft le fujet d'où ma peine procede.

A L M I R E.

Mais il faut la cacher, ou pluſtoſt la guerir.

M I R A M E.

Moy, cacher mon tourment ? ah ! j'ayme mieux mourir.
Vn eſclaue m'apprend qu'il faut que je periſſe.
Aurois-je moins que luy de cœur & de juſtice ?
Il n'a pû d'vn moment ſuruiure ſon forfaiƈt.
Sa main a reparé le mal qu'elle auoit faiƈt.
Puis qu'il n'a qu'obeï, ſon offenſe eſt petite.
Il s'eſt puny pourtant, il faut que je l'imite.
Quoy que de mon amant il ait finy le ſort,
Ie ſuis bien mieux que luy la cauſe de ſa mort.

A L M I R E.

En vain de ce tranſport l'extreme violence
Veut armer voſtre bras contre voſtre innocence.
Au malheur d'Arimant vous n'auez point de part.
Le deſſein fait le crime, & non pas le hazart.

M I R A M E.

Quand la mort d'Arimant ne ſeroit pas mon crime,
Ie veux ſeruir au ſort de ſeconde victime.
Laiſſe-moy donc mourir, Almire ; juſtes Cieux !
Quel objet importun ſe preſente à mes yeux ?

S.CENE

SCENE II.

MIRAME. ACASTE. ALMIRE.

MIRAME.

HE' bien, que voulez vous ? parlez moy fans feintife.
Triompher des vaincus? ah! la noble entreprife,
Et digne fans mentir de vos rares exploits!
Voulez vous le tuer vne feconde fois?
S'il eut plus d'vne vie, oftez luy la derniere:
C'eft Mirame qui l'eft, priuez la de lumiere.

ACASTE.

Vous plaire & vous feruir eft tout ce que ie veux,

MIRAME,

Azamor eft-il pas au comble de fes vœux?
Sa victoire luy plaift autant qu'elle m'offenfe.
Suis-ie defia fa proye, ou bien fa recompenfe?
Qu'il me poffede ainfi que ie fais mon amant.
Pouruei que ie defcende au creux d'vn monument,
Ie veux bien qu'il m'y fuiue, & ie feray rauie
Qu'il triomphe de moy, triomphant de ma vie.
Mais en fin dans l'eftat où l'a mis fon bonheur,
De la mort d'Arimant tire-t'il grand honneur?
S'il eft vray, cette gloire eft vn foible aduantage,
Puis qu'vn efclaue infame auec luy la partage.
Arimant pouuoit feul fe vaincre & fe domter:
Son feul courage a peu cét honneur emporter:

S

De ce fameux guerrier la perte eſt volontaire.
Deux Roys ſe ſont armez afin de le défaire,
Leurs armes toutefois ont eſté ſans effect,
Et quand il l'a voulu, ſon eſclaue l'a fait.

ACASTE.

Il auoit le cœur grand, mais encor plus d'audace.

MIRAME.

Contre ſes ennemis? ce defaut a ſa grace.

ACASTE.

Et contre ſes amis, puis qu'il penſoit en vous.

MIRAME.

Ce grand cœur ſe ſentoit, lors qu'il penſoit en nous.
I'eſtois le ſeul obiect de ce cœur magnanime.
Son crime eſt innocent, ſi Mirame eſt ſon crime.

ACASTE.

En s'armant contre vous pouuiez vous le ſouffrir?

MIRAME.

Il s'arma contre nous, mais pour me conquerir.
Eſtimois-ie vn amant ſans merite & ſans gloire?
Ouy, i'aimois Arimant, & i'aime ſa memoire.
Sans blâmer la Vertu l'on ne me peut blâmer.

ACASTE.

La vertu d'vne fille eſt de ne rien aimer.

MIRAME.

Ce que i'aime n'eſt rien, puis qu'il n'eſt plus au monde.

ACASTE.

C'eſt ſur d'autres raiſons qu'vn ſage amour ſe fonde.

MIRAME.

Il eſt vray, par l'amour mon cœur fut abbatu.
Si ce fut vne faute, elle deuient vertu.
L'amour apres la mort deuient vne conſtance
Qui des deſirs paſſez découure l'innocence.
Vn amour criminel fut mort à ſon trépas :
Le mien ne peut mourir pource qu'il ne l'eſt pas.
Azamor veut ma foy, mais Arimant l'emporte.
Il eſt mort, il eſt vray, mais ma foy n'eſt pas morte.
Elle viura touſiours, tant que dedans mon cœur
Viura le ſouuenir de mon noble vainqueur.
Puis qu'il eſt mort pour moy, deſormais ie veux eſtre
Maiſtreſſe de ce cœur dont il eſtoit le maiſtre.
Et quand meſme l'amour pourroit mourir en moy,
Iamais ne peut mourir mon inuincible foy.

ACASTE.

Allons redire au Roy ce que penſe Mirame.
Elle découure aſſez les ſecrets de ſon ame.
I'aime mieux vous laiſſer qu'augmenter voſtre ennuy.

SCENE III.

MIRAME. ALMIRE.

MIRAME.

ALMIRE, s'il est mort ie mourray comme luy.

ALMIRE.

Si l'ame d'Arimant en vostre ame est viuante,
C'est le tuer encor que tuer son amante.
De grace en sa faueur changez de sentiment.
Viuez, sinon pour vous, du moins pour vostre amant.

MIRAME.

Trop parler de mourir, qu'est-ce que vouloir viure?
Il faut pour l'imiter & mourir & le suiure.
Vn esclaue luy mit le fer dedans le sein :
Esclaue de ses loix ie mourray de ma main.
Captif il sceut mourir, ie mourray sa captiue.
Il perd pour moy le iour, & pour luy ie m'en priue.
Perdant l'heur de ma veuë il perdit tout espoir,
Et moy ie me perdray ne pouuant plus le voir.
Il est mort dans son sang, & cette violence
Seule de nostre mort fera la difference :
Car enfin desormais ce bien m'est defendu,
Puis qu'en versant le sien le mien s'est répandu.

ALMIRE.

Contre les traits du sort armez vostre courage.

MIRAME.

En mourant, chere Almire, on surmonte sa rage.

Mais,

Mais, bons Dieux! cachons-nous : j'apperçois Azamor;
Et je fremis d'horreur de le reuoir encor.

SCENE IV.

AZAMOR. ALMIRE. MIRAME.

AZAMOR.

QVE je plains, Arimant, ta fin infortunée!
Que ta perte est sensible à toute ame bien née :
Tu ne meritois pas ce traictement du sort.
A ta vie estoit deuë vne plus belle mort.
Mais si tu l'as causée en l'ordonnant toy-mesme,
Ie ne puis excuser cette fureur extresme.
Il faut vaincre le sort, ou bien luy resistant
Monstrer qu'on sçait au moins mourir en combattant.
Mais, Prince malheureux, s'il est vray que ta vie
Ait esté sans ton ordre iniustement rauie,
Que le sort est cruel, dont l'arrest inhumain
T'a faict donner la mort par vne indigne main.
En le priuant du jour on m'a priué de gloire :
Desia je m'apprestois pour vne autre victoire.
I'en jure par les Dieux, oüy, s'il eût plus vescu,
Ce bras victorieux l'eut encore vaincu :
Ou s'il m'eût surmonté, mon ame satisfaicte
Eut mesme triomphé de ma propre desfaicte.
Le sujet du combat est si plein de vertu,
Que c'eut esté trop d'heur que d'auoir combatu.

ALMIRE.

Dieux! qu'il est genereux.

MIRAME.
Il a l'ame royale.

AZAMOR.
Il eſt vray, ſa vertu n'a jamais eu d'eſgale.

ALMIRE.
Prince, que faiĉtes-vous?

AZAMOR.
Ie me plains en ces lieux.

ALMIRE.
Nous vous auons oüy.

AZAMOR.
Dittes-vous vray? bons Dieux!

ALMIRE.
Viuez, Prince, viuez ſans perdre l'eſperance.
La Princeſſe eſt le prix d'vne telle conſtance.

AZAMOR.
Ie ne puis meriter tant de felicité.

ALMIRE.
On merite, en diſant qu'on n'a rien merité.

AZAMOR.
Ie ne veux que la voir.

ALMIRE.

Elle est icy.

AZAMOR.

Ie tremble.

ALMIRE.

Ie veux vous rendre heureux, & vous vnir ensemble.

AZAMOR.

Ah! c'est trop.

ALMIRE.

Attendez, je m'en vay la querir.

AZAMOR.

Mes yeux, il la faut voir, & puis il faut mourir.
Dans vn si doux espoir que mon ame est confuse:
Mais que veux-je esperer? cette fille m'abuse.
Ie sçay l'inquietude & la douleur du Roy.
Ils sont sa fille & luy bien contraires pour moy.
L'vn a de l'amitié, l'autre faict voir sa haine.
Desliurons-les tous deux, leur tourment est ma peine.
Il faut les soulager à mes propres despens.
Mon courage le veut, suis-je encor en suspens?
Il faut me desgager: je mourray si je cede:
Mais j'aymeray ma mort, puis qu'elle est leur remede.

MIRAME.

Tu me trahis, Almire, ah! qu'est-ce que je voy?
Mais promettons-luy tout, pour l'esloigner de moy.

AZAMOR.

I'ay fuiuy jufqu'icy dans l'excez de ma flanxe
L'aueugle paffion qui regnoit dans mon ame :
Ie fuiuray deformais les voftres feulement.
Mon imprudente amour merite vn chaftiment.
I'approuue vos mefpris, j'approuue voftre haine.
Condamnant mon erreur, j'en approuue la peine.
Pleuft au Ciel que la mort rendant mon fort efgal
Auec ce malheureux & bienheureux Riual,
Ie peuffe au moins mourir des mains de ma Princeffe,
Luy des mains d'vn efclaue, & moy d'vne maiftreffe.

MIRAME.

Moy vous faire mourir?

AZAMOR.

I'en benirois le fort.
Ne vouloir pas ma vie eft bien vouloir ma mort.

MIRAME.

Auec quelle raifon voudrois-je la pourfuiure?

AZAMOR.

Qui n'eft digne de vous n'eft pas digne de viure.

MIRAME.

Vouloir la mort d'vn Roy prompt à nous fecourir?

AZAMOR.

Tout ce qui vous defplaift merite de mourir.
Puifque je vous offenfe en mon fort miferable,
Ie feray jufte au moins puniffant le coupable.

Pour

Pour vous feule & par vous j'ay vefcu jufqu'icy :
Pour vous feule & par vous je dois mourir auffi.
Ie le puis deuant vous & par voftre prefence :
Ie le puis loin de vous, outré de voftre abfence.
Vos yeux fçachant guerir les maux que font leurs coups,
I'aurois bien de la peine à mourir deuant vous.
Il faut donc m'abfenter de la beauté que j'ayme,
Et mourir pour me voir feparé de moy-mefme.
I'auray par ma retraitte vn trefpas glorieux,
Que refufent vos mains, & qu'empefchent vos yeux.
Viure & ne vous voir pas eft vne mort certaine.
N'efperer plus vous voir en eft vne inhumaine.
Ie m'en vay la fouffrir ; & je mourray content,
Si je puis obtenir vn bon-heur en partant,
Si Mirame confent que mon ame afferuie,
Du moins ofe l'aimer tant que j'auray de vie.
Que fi voftre rigueur condamne mon deffein,
Puniffez-en mon cœur, tirez-le de mon fein,
Chaftiez fon orgueil, contentez voftre haine,
Mettez ce temeraire en cent pieces, pour peine
De ce qu'il ne peut pas eftre entier & viuant,
Sans qu'auffi fon amour le foit en vous feruant.

MIRAME.

Ah ! le mien eft touché ; mais du mal qui me tuë.

AZAMOR.

Oüy, puis qu'il plaift au fort, ma perte eft refolue.

MIRAME.

Quoy ? vous perdre, Azamor ?

AZAMOR.

           Ie detefte le jour.
Eftre aymé quand on ayme eft le bon-heur d'amour :

V

Aymer fans eftre aymé c'en eft tout le merite :
Mais au feul defefpoir le dernier nous inuite ;
Et celuy-là doit bien abandonner le jour,
Qui merite en amour fans meriter l'amour.
Malheureux eft l'amour dont la pourfuite eft vaine ;
Plus malheureux celuy qui fait naiftre la haine :
l'ay tous ces deux malheurs , je vous fuis odieux.

MIRAME.

Pourquoy le penfez-vous ?

AZAMOR.

　　　　　　　　Ie le voy dans vos yeux.
Hé bien, j'ay trop aymé : c'eft vn crime excufable.
Quand l'amour eft heureux fon excez eft loüable :
Le malheur fait le crime, & defplaire en aymant
C'eft eftre auec merite vn criminel amant.
Mais qui n'efpere plus flefchir vne inhumaine,
Doit efteindre l'amour pour efteindre fa haine.
Ie le dois, mais mon feu s'accroift inceffamment.
Pour efteindre l'amour faifons mourir l'amant.
Mon malheur & ma flame à ma raifon rebelle
Penfent eftre tous deux de nature immortelle :
Mais fuiuons les confeils d'vne jufte douleur ;
Efteignons par ma mort l'amour & le malheur.
Ie fçay que de mes maux mon efpoir eft complice :
Ié veux, perdant l'efpoir, fauuer voftre juftice.
Ainfi que mon amour mon crime eft infiny :
Seul je fuis criminel, feul je feray puny.
Triomphez de ma perte ; enfin je m'abandonne,
Ie me vay defpoüiller de fceptre & de couronne,
Et de biens & d'efpoir en me priuant du jour,
Pour n'auoir iamais peu me defpoüiller d'amour.

MIRAME.

Que chacun de nous deux de ſes maux ſe deſliure,
Vous en ceſſant d'aymer, & moy ceſſant de viure.

AZAMOR.

Par la mort ſeulement je ceſſeray d'aymer.
C'eſt le flambeau d'amour qui me doit conſumer.
Puis-je ceſſer d'aymer, ſi la nature meſme
En vous rendant ſi belle ordonne qu'on vous ayme?
Donc mon amour eſt juſte, & ne vous aymer pas
Ce ſeroit faire iniure à vos diuins appas.
Mais ſi je vous déplais je me tiens puniſſable:
L'amour eſt innocent, & l'amant eſt coupable.
S'il vous offenſe ſeul, tout ſeul il doit perir:
Ainſi l'amour doit viure, & l'amant doit mourir.

MIRAME.

Non, je veux vous aymer.

AZAMOR.

Changement admirable,
Qui pour eſtre trop prompt me paroiſt incroyable :
Mais que l'obeïſſance a peu faire en vn jour.
Princeſſe, amour forcé ne fut jamais amour.
L'amour eſt dans les cœurs libre dés ſa naiſſance.
Rauir ſa liberté c'eſt rauir ſon eſſence.
Ce changement ſoudain oblige bien le Roy,
Qui veut que vous m'aimiez, mais que fait-il pour moy?
Vn amour commandé n'agit que par contrainte.
Vous ne ſçauriez m'aymer, ce diſcours n'eſt que feinte.

MIRAME.

Prince, je n'auray point d'autre mary que vous.

AZAMOR.

Princeſſe, puis-je croire vn langage ſi doux?

MIRAME·

Il fera vray pourtant.

AZAMOR·

Quelle auanture eftrange
Faiĉt qu'en vn feul moment ma fortune fe change?
Vous me le promettez?

MIRAME·

Oüy, je vous le promets.
Allez le dire au Roy.

AZAMOR·

Trop heureux deformais.
Mais puis-je vous quitter au plus fort de ma gloire?
I'obeïs, & je vais luy conter ma viĉtoire.

SCENE V.

MIRAME· ALMIRE·

ALMIRE.

LV y tiendrez-vous parole? ah qu'il s'en va conten. ;
Et que vous le rendez heureux en vn inftant.

MIRAME·

Ouy, je te la tiendray: c'eft par là que j'efpere
Satisfaire Arimant, moy, les Dieux, & mon Pere.

Mais

Mais fi tu veux qu'Hymen allume fon flambeau,
Tu me viendras chercher dans la nuit du tombeau.
I'y veux fuiure Arimant, Almire, & ie fay gloire
Aimant fon ombre encor d'efpoufer fa memoire.

ALMIRE.

Donc auec quel deffein l'enuoyez-vous au Roy?

MIRAME.

Afin de le tromper en l'éloignant de moy.
Quand quelqu'vn nous tourmente, eft-ce pas vne adreffe
Que de l'entretenir d'vne vaine promeffe?
Ne m'importune plus, en fin ie veux mourir.
Si tu m'aimes, Almire, il faut me fecourir.
Il faut mourir, Almire, il faut eftre fidelle.
I'entens, i'entens là bas Arimant qui m'appelle,
Qui blafme ma pareffe, & d'vne douce voix
De la fidelité me repete les loix.
Au pied de ces iardins voy la mer agitée :
D'vn faut tu m'y verrois bien-toft precipitée,
Si ie n'auois horreur qu'vn perfide element
Me feruit à chercher vn fi fidel amant.

ALMIRE.

Souffrez qu'auec le temps la raifon vous furmonte.

MIRAME.

Mourir c'eft mon honneur, & viure c'eft ma honte.
Mon amour eft cognu, ie ne le puis cacher.
Voudrois-tu qu'Azamor me le peuft reprocher?
Que puis-ie dire au Roy qui foupçonne ma flame?
Non, non, il faut mourir pour étouffer ce blafme.
Ie ne me puis fauuer qu'en ne me fauuant pas ;
Et c'eft viure pour moy que d'aller au trépas.

X

A L M I R E.

Ouy, ie vous veux feruir, mais auec cette enuie
De vous fuiure en la mort auſſi bien qu'en la vie.
Si l'amour eſt vn crime, il faut auſſi punir
Celle qui dans voſtre ame a ſçeu l'entretenir.

M I R A M E.

Tu ne dois point mourir pour la faute d'vne autre.

A L M I R E.

Confentez à ma mort, ie confens à la voſtre.

M I R A M E.

Noble & fidele Almire, hé bien ie ne dois pas,
En t'aimant, t'enuier vn ſi noble trépas.
Mais comment mourrons nous?

A L M I R E.

　　　　　　　I'ay d'vne herbe Colchique,
Dont l'odeur au ceruueau ſon poiſon communique.
Vous ſçauez que Colchos eſt feconde en venins.
Nous mourrons doucement.

M I R A M E.

　　　　　　　Ie rends graces aux Deſtins.
Tout ainſi qu'Arimant eut de la Bythinie,
Sa maiſtreſſe, & le fer qui ſa trame a finie;
Colchos me donne auſſi dequoy perdre le iour,
Apres m'auoir donné l'obiet de mon amour.
Almire, pour guerir le mal qui me poſſede,
Va querir ce poiſon, ou pluſtoſt ce remede.
I'entre en ce cabinet, c'eſt là que ie t'attens;
Si tu veux m'obliger, viens y dans peu de temps.

ACTE CINQVIESME.

SCENE PREMIERE.

LE ROY. AZAMOR.

LE ROY.

VE ie fens dé plaifir d'vne telle nouuelle!
Doncques à nos defirs elle n'eſt plus rebelle.
Elle m'offre vn moyen, vous prenant pour efpoux,
De fatisfaire aux biens que i'ay reçeus de vous?
Tantoſt ie la fuyois ainſi qu'vne infenſée,
Qui perdoit tout l'éclat de ſa gloire paſſée,
Qui trahiſſoit ſon rang, ſon pays, ſon deuoir;
Ie brûle maintenant du defir de la voir.
Quoy? vaincre vn ennemy, gaigner vne maiſtreſſe?
Vous triomphez deux fois.

AZAMOR.

Cette belle Princeſſe
A la fin veut bannir les tourmens de mon cœur;
Et faiſant auiourd'huy d'vn efclaue vn vainqueur,
Accorde à mes defirs vne noble victoire,
Dont l'heur des immortels n'égale pas la gloire.

LE ROY.

Mais qui s'en vient à nous auecques tant d'ardeur?
Adraſte, que veux-tu?

SCENE II.

ADRASTE.

Sire, vn Ambaſſadeur
Enuoyé de Colchos tient ſa nef à la rade.

LE ROY.

Quoy ? de mon Ennemy ? pourquoy cette Ambaſſade ?

ADRASTE.

Il tient l'oliue en main, demandant ſeureté,
Pour pouuoir eſtre oüy de voſtre Majeſté.

LE ROY.

Mais le dois-ie écouter apres vn tel outrage ?
Qu'il vienne toutefois, & ſois encore oſtage.
Ie l'attens en ce lieu.

SCENE III.

ALCINE. LE ROY. AZAMOR.

ALCINE.

Dievx! le diray-ie au Roy?

AZAMOR.

Bons Dieux! que veut Alcine? elle eſt pleine d'effroy.

ALCINE.

ALCINE.

Ah! Sire, la douleur m'eſtouffe & me tranſporte.
Mirame.

LE ROY.

Que dis-tu?

ALCINE.

Que la Princeſſe eſt morte.

AZAMOR.

La Princeſſe?

ALCINE.

Elle meſme; elle a finy ſon ſort
Par vn ſubtil poiſon qui luy donne la mort.

LE ROY.

Alcine, qu'ay-je fait? tu ſçais mon innocence.
Serois-je bien l'autheur de cette violence?

ALCINE.

Ce billet que je viens de trouuer dans ſa main,
Teſmoigne le ſubjet de ſon triſte deſſein.

LE ROY.

Azamor, je vous tiens parole.
La Parque me deſrobe à vous:
Mais je n'auray point d'autre eſpoux.
Viuez, que le Ciel vous conſole.

AZAMOR.

Que le Ciel me conſole? il n'a pas ce pouuoir.
Qui me peut conſoler ſinon le deſeſpoir?

Y

Quoy? je l'ay fait mourir? & ma perfide flame
Pensant gaigner son cœur fut l'horreur de son ame?
Mais voyons s'il est vray.

LE ROY.

Ie ne la veux point voir,
Puis qu'elle a preferé la mort à son deuoir.
Sòrs de mon souuenir malheureuse Princesse,
Deshonneur de mon sang, ennuy de ma vieillesse.
Si mes pleurs malgré moy sortent de leur prison,
La nature les verse, & non pas la raison.

AZAMOR.

Ie dois verser du sang si vous versez des larmes.
Tournez-vous contre moy, mes imprudentes armes,
Qui pensiez la deffendre & la faisiez perir.
Reparez vostre crime, en me faisant mourir.
Elle a voulu mourir pour éuiter ma flame.
Ie suis l'horreur, le crime, & la mort de Mirame.
Amour infortuné que je conceus au cœur;
Qui me fis d'vn Riual le malheureux vainqueur,
N'estois-tu pas content, sans deuenir si traistre
Que de faire mourir celle qui t'a fait naistre?
Hé bien, funeste amour, puisque tu m'as deceu,
Fais donc aussi mourir celuy qui t'a conceu;
Et monstrant les effects de ta fureur extresme,
En me faisant mourir fais toy mourir toy-mesme.

LE ROY.

Calmons à cét abord nos esprits & nos voix.
Grand Prince, faisons voir que nous sommes des Rois.
Voicy l'Ambassadeur.

SCENE IV.

L'AMBASSADEVR. LE ROY. AZAMOR.

L'AMBASSADEVR.

IE viens en cette terre
De la part de mon Roy, pour detester la guerre.
Il sçait bien qu'Arimant, grand Roy, ne deuoit pas
Sans ses commandemens attaquer vos Estats.
Mais puis qu'à son regret cette faute est commise,
Sans sçauoir le succez d'vne telle entreprise,
Pour obtenir pardon de sa temerité,
Ie recours de sa part à vostre Majesté.
Il sçait que son dessein eut pour cause la flame
Qu'il conceut en ces lieux des beautez de Mirame.
Grand Roy, si vous voulez qu'il en soit possesseur,
Mon Roy consent & veut qu'il soit son successeur.
Souffrez donc qu'il aspire à cét honneur insigne :
Sa vertu le requiert, sa naissance en est digne.
Ie descouure vn secret qu'on ignoroit encor,
Il est fils d'vn Monarque, & frere d'Azamor.

AZAMOR.

Quoy ? frere d'Azamor ? je n'eus jamais de frere.

AMBASSADEVR.

Est-ce donc Azamor ? ô fortune prospere !
Il seruira luy-mesme à l'esclaircissement.
Ie vous en apprendray l'histoire en vn moment.

Le feu Roy de Phrygie, en la guerre mortelle
Que fit à ſes Eſtats la Lydie infidelle,
Voyant de toutes parts ſes païs deſolez,
Ses ſujets malheureux, & ſes palais bruſlez,
Auant ce grand combat que noſtre ſiecle admire,
Où le Prince en mourant reſtablit ſon Empire,
Creut que les Lydiens cruels & triomphans
Voudroient auec le Pere eſtouffer les enfans.
La valeur d'Azamor dés ce temps eſtimée,
Paroiſſoit à quinze ans tout l'eſpoir de l'armée.
La Reine mit alors vn ſecond fils au jour,
Et mourant à l'inſtant troubla toute la Cour.
Le Roy, pour deſrober ſon fruict à la fortune,
Feint que l'enfant eſt mort, le commet à Neptune:
Il l'enuoye à Colchos, entre les mains du Roy,
Son amy, ſon parent, le confie à ſa foy.
Vn papier l'accompagne, ou ſa propre eſcriture
Aſſeure auec ſon ſceau toute cette auanture.
Voyez, grand Azamor, ſi vous la cognoiſſez.

AZAMOR.

L'eſcriture, le ſceau, je les cognois aſſez.

L'AMBASSADEVR.

Arimant eſt ce Prince; acceptez-le ſans crainte,
Mon Roy pour l'aggrandir n'a pas beſoin de feinte:
Puiſque ſans demander vos Eſtats ny vos biens,
Comme à l'vn de ſa race il luy donne les ſiens.
Les marques dont l'eſcrit porte le teſmoignage
Se font voir en ſon corps, mais plus en ſon courage.

LE ROY.

Remede trop tardif, mal qu'on ne peut guerir.

AZAMOR.

Donc il eſtoit mon frere, & je l'ay faict mourir.

AMBASSADEVR

L'AMBASSADEVR.

Arimant eſt-il mort?

LE ROY.

Il eſt mort, & Mirame.

L'AMBASSADEVR.

O rigueur des deſtins!

AZAMOR.

Mais trouble de mon ame!
Malheureux Azamor de qui l'amour fatal
En ſi peu de moments a cauſé tant de mal,
Funeſte à ta maiſtreſſe, & funeſte à ton frere,
Qu'attens-tu deſormais pour comble de miſere?

LE ROY.

Ie vous laiſſe, Azamor, vous m'arrachez des pleurs;
Et je ſens que mon mal s'accroiſt par vos douleurs.

SCENE V.

AZAMOR. ALCINE.

AZAMOR.

HELAS! que de malheurs? ô fortune traiſtreſſe,
Par toy j'ay faict mourir mon frere & ma maiſtreſſe.
O fort que ton caprice eſt plein de cruauté.
Pourquoy deſcouures-tu ce que tu m'as oſté?
Pour mon mal ſeulement tu me le viens apprendre.
Quoy! tu me rends vn frere & ne peux me le rendre.

Z

Pourquoy, cruels deſtins, tyrans trop abſolus,
Sçay-je que je l'auois, lors que je ne l'ay plus?
Cher frere, aymé d'vn Roy, reueré de la terre,
Deſirable en l'amour, redoutable en la guerre,
A qui tout eut cedé ſi le Ciel rigoureux
Ne m'eut rendu plus fort pour eſtre malheureux,
Ce fer n'oſa frapper le frere de ſon Maiſtre :
Il reſpecta mon ſang, je ne le pûs cognoiſtre.
Mais ſi dans le combat il eſpargna le tien,
Ie veux que pour ma faute il reſpande le mien.
I'en ay faict mourir deux par ma flame importune.
Pour deux morts, tout au moins il m'en faut donner vne.
Finy, triſte Azamor, ta vie & tes amours.
Parque, tranche le fil de mes malheureux jours,
Puiſque tu ne m'ourdis que des trames ſi noires,
Que je n'acquis jamais que de triſtes victoires.
En l'vne je perdis qui me donna le jour :
Mon frere en l'autre, & celle où ie mis mon amour :
Il ne reſte plus rien à mon malheur extreme,
Sinon qu'en me vainquant je me perde moy-meſme.
Ah! que le Ciel pour moy faict voir de cruauté.
Reuoyons ce billet que tu m'as apporté.

    Azamor, je vous tiens parole.
    La Parque me deſrobe à vous :
    Mais je n'auray point d'autre eſpoux.
    Viuez, que le Ciel vous conſole.

Ie vous ſuiuray, Mirame, & ma conſtante foy
Fera voir qu'on ne peut vous deſrober à moy.
Ie vous ſuiuray par tout; la mort n'a point d'abyſmes
Qui vous puiſſent cacher à mes feux legitimes.
Donc elle a preferé les tenebres au jour,
Le cercueil aux grandeurs, & la mort à l'amour ?
Et pluſtoſt qu'eſtre humaine à ſon amant fidelle,
Elle a voulu pareſtre à ſoy-meſme cruelle?

Vous me tenez parole, en courant au trespas.
Qu'elle m'eut obligé ne me la tenant pas.
Elle viuroit encore, & n'eut pas fait iniure
A l'amour, à soy-mesme, aux Dieux, à la nature.
Vous dites que jamais vous n'aurez d'autre espoux.
Donc il me faut mourir pour m'aller joindre à vous.
Pour estre son espoux, mon sang se doit respandre.
Sa mort me la rauit, ma mort me la peut rendre.
Viuez; vous voyant morte; ah! quel commandement?
Sa main me le commande, & sa mort le defend.
Viuez; hé le moyen d'en conseruer l'enuie?
En ay-je le pouuoir ayant perdu ma vie?
Ie cours apres ma vie en suiuant vostre sort;
Et je vay la chercher dans le sein de la mort.
Mais que me dites-vous, que le Ciel vous console?
Quel souhait? quelle douce & cruelle parole?
Douce, si je deuois m'exempter du trespas:
Cruelle, sçachant bien que je ne le dois pas;
Et que les nobles cœurs, quand le sort les outrage,
Ayment bien mieux mourir que viure sans courage.

ALCINE.

Prince, taschez pluftoft à surmonter le sort
Par vostre fermeté, non pas par vostre mort.

AZAMOR.

Non non, il faut mourir: mais conte-moy l'histoire
D'vne mort que j'apprens, mais que je ne puis croire.

ALCINE.

Ie ne sçay quel malheur a finy son destin:
Mais je sçay seulement qu'en on lit ce matin
Son ame de tristesse & de douceur attainte
La forçoit en secret de pousser cette plainte.

Quand mefme l'inconftance entreroit dans mon cœur,
Voudrois-je me foumettre à ce nouueau vainqueur,
Qui de cruels mefpris m'accabler et peut eftre
Pour l'auoir pris trop tard pour feigneur & pour maiftre?

AZAMOR.

Ah! tu m'as abufé par ton difcours flatteur:
Sa perte vient de moy, j'en fuis le feul autheur.
Qui de cruels mefpris m'accableroit peut eftre
Pour l'auoir pris trop tard pour feigneur & pour maiftre?
Qu'auez-vous dit Princeffe, accabler de mefpris
Celle qui fut du monde & la glore & le prix?
Vos diuines vertus fe font trop faict cognoiftre.
Pour l'auoir pris trop tard pour fegneur & pour maiftre?
Ah! dittes pour fujet, qui foumis à vos loix
Eut comme vn faint Oracle efcouté voftre voix.
Ah! que ne difiez-vous pour efclaue fidelle?
Pour l'auoir pris trop tard? ô parole cruelle!
Quand vn amour parfaict nous porte à nous vnir,
On peut commencer tard ce qui ne peut finir.
C'eftoit trop toft pour moy: je n'en eftois pas digne.
Nul ne peut meriter cette faueur nfigne.
Quel defaftre par tout accompagne mes pas?
Contre mon propre fang j'ay liuré des combats:
I'ay defferuy la fille en fecourant le Pere:
Mon bras a faict perir ma maiftreffe & mon frere,
Mon amour & mon fang: helas! qu'attens-je plus?
Miferable vainqueur, voy quels font tes vaincus.
Voy mefmes qu'ils font morts, & leurs ennemis viuent.
I'en fuis le principal que cent fureurs pourfuiuent.
Donc fi j'ay de l'honneur tel que le veut mon rang,
Du feu pour ma maiftreffe, & du fang pour mon fang;
A ma flame, à mon fang, fi je ne fuis vn traiftre,
Ie doy vanger fur moy les maux que j'ay faict naiftre.

SCENE

SCENE VI.

ALCINE. ALMIRE. AZAMOR.
ALCINE.

Dievx! Almire eſtoit morte, & je la voy courir.

ALMIRE.

Ne vous eſtonnez point, le mal ſe peut guerir.
Ne verſez point de pleurs; Mirame n'eſt point morte.

ALCINE.

O l'excez de plaiſir que ce diſcours m'apporte.

AZAMOR.

Dieux! n'eſt-elle point morte?

ALMIRE.

Elle dort, croyez-moy.

AZAMOR.

Non, je ne te croy pas.

ALMIRE.

Qu'on appelle le Roy.

AZAMOR.

Ie ſuis trop malheureux.

ALMIRE.

Ce malheur n'eſt qu'vn ſonge.

AZAMOR.

Ah! tu me veux flatter auec vn doux menſonge.

Aa

MIRAME.

ALMIRE.

Ie n'ay rien oublié, Prince, pour vous feruir.
Et mon inuention vous va bien toſt rauir.

AZAMOR.

Mon ame eſt à l'eſpoir deſormais inſenſible.

SCENE VII.

LE ROY. ALMIRE. AZAMOR.

MIRAME. ACASTE. L'AMBASSADEVR.

LE ROY.

MIRAME n'eſt point morte? Almire, eſt-il poſſible?

ALMIRE.

Sire, elle ne l'eſt point.

LE ROY.

Comment?

ALMIRE.

Ne pouuant pas
L'empeſcher par raiſon de courir au treſpas,
I'ay feint que j'approuuois vn deſſein ſi tragique;
Qu'elle pouuoit mourir par vne herbe Colchique,
Qui de ſa ſeule odeur tuoit en vn moment;
Mais au lieu de tuer elle endort ſeulement;
Et Medée en vſa pour ſiller la paupiere
Du dragon qui jamais ne perdoit la lumiere.

J'en gardois en secret, je courus la querir,
J'en porte, elle la sent, & dort pensant mourir.
Ie l'ay sentie aussi, mais non si long-temps qu'elle;
Aussi j'ay moins dormy.

AZAMOR.

L'agreable nouuelle.

LE ROY.

J'estime ton esprit, j'approuue ton conseil.
Allons la secourir.

AZAMOR.

Courons à son réveil.
Puis taschons d'appaiser le transport qui l'anime.
Que le Ciel pour le moins me descharge d'vn crime.
Mais, cher frere, ton sang en ces lieux espanché
Sans cesse par mon sang me sera reproché.

LE ROY.

Son somme est eternel; tu nous trompes, Almire.

ALCINE.

Grand Prince, elle dit vray, la Princesse respire.
Elle s'esueille enfin.

MIRAME.

Sombres & tristes lieux,
Au moins laissez-moy voir le souhait de mes yeux.

AZAMOR.

O bons Dieux! elle vit.

Aa ij

MIRAME.

Ou fommes-nous, Almire.
D'où vient ce jour fi grand dedans le noir Empire?
Chere Almire, vient-il de l'efclat radieux,
Que l'ame d'Arimant refpand dans ces bas lieux?
Ie ne puis fouftenir fa brillante lumiere.
Prince, mon efperance & premiere & derniere,
Venez me receuoir, je cours apres vos pas.
Faittes qu'on vous entende, où l'on ne vous voit pas.

ALMIRE.

Il n'eft point en ces lieux.

MIRAME.

O cruelle auanture!
Il erre au bord du fleuue eftant fans fepulture.
Que voy-je?

ALMIRE.

Voftre Pere.

MIRAME.

Almire, il eft donc mort?
Et le Roy Phrygie: ont-ils fuiuy mon fort?
Pardon, mon Roy, mon Pere.

LE ROY.

Hé bien, je vous pardonne.
Ma fille, il ne faut pas que je vous abandonne.
Oüy, je vous viens chercher en ce lieu bien-heureux.
Mais admirez l'ardeur de ce Prince amoureux.
Il vous cherche en tous lieux: il veut toufiours vous fuiure.
Nous viurons tous enfemble.

MIRAME

MIRAME.

Ah ! parlez-vous de viure ?
Ce mot eſt-il permis ou domine la mort?

LE ROY.

Oüy, Mirame, il faut viure; & par vn bel effort
Vaincre de voſtre cœur la douleur obſtinée.
Agreez d'Azamor le royal hymenée.
Nous ne ſommes point morts, ny luy, ny vous, ny moy.
Arimant de la Parque a ſeul ſenty la loy.
Mais s'il viuoit encor, il vous prioit luy-meſme
D'accepter les deſirs d'vn frere qui vous ayme.
Azamor eſt ſon frere, & vous prendrez plaiſir
D'en apprendre l'hiſtoire auec plus de loiſir.
Icy ſont les jardins de la belle Heraclée.
Icy de vos amis eſt la troupe aſſemblée.

MIRAME.

Ah ! traiſtreſſe, je vis.

ALMIRE.

Quittez voſtre fureur.

MIRAME.

Ah ! ſon ſang en autruy me donne de l'horreur.
Son frere pour eſpoux? ô malheureuſe amante,
Qui meſme ſans ton ame es encore viuante,
Faut-il qu'en ta douleur pour comble de tourment
On te preſente encor ſon frere pour amant?
Et qu'on penſe qu'vn nœud peuſt eſtre legitime,
Ou ſon ſang pour jamais te reprochaſt ton crime?
Son frere pour eſpoux? propos injurieux,
Dont mon amour s'irrite & ſe rend furieux.

Bb

Son frere pour efpoux? plus il luy feroit proche,
Ie croirois de plus prés en fentir le reproche.
C'eft incefte en amour, & digne d'vn bourreau,
Que de s'vnir au fang d'vn amant au tombeau.

AZAMOR.

Non, je ne pretens pas, equitable Mirame,
Que vous deuiez penfer à foulager ma flame.
Ie pretends feulement le pardon d'vn trépas,
Que moy-mefme à mon cœur je ne pardonne pas.
Ie vay trouuer mon frere; & de vos feux fidelles
Ie m'en vay luy porter les aimables nouuelles.

SCENE DERNIERE.

LE ROY. SOLDAT. AZAMOR. MIRAME.

ALMIRE. L'AMBASSADEVR. ACASTE.

SOLDAT.

SIRE, j'ofe en ce lieu prendre la liberté
D'annoncer vn bon-heur à voftre Majefté.
Arimant n'eft point mort.

LE ROY.

O Dieux! eft-il poffible?

MIRAME.

Pourroit-il m'arriuer vn bon-heur fi fenfible?

SOLDAT.

Ce Prince entre nos bras n'eſtoit qu'éuanoüy.

AZAMOR.

Quoy? mon frere eſt viuant? que je ſuis reſioüy.

SOLDAT.

Son coup par vn bon-heur coule au long d'vne coſte.
L'eſclaue auoit failly.

AZAMOR.

La bien-heureuſe faute!

SOLDAT.

Le ſang qu'il a verſé cauſoit ſa paſmoiſon.
Le coup n'eſt point mortel; mais pour ſa gueriſon
Il faut luy faire voir la beauté qu'il adore:
Car s'il ne la void point il veut mourir encore.
On a fermé ſa playe: il taſche à la r'ouurir.

MIRAME.

Ah Dieux! le puis-je voir? puis-je le ſecourir?

AZAMOR.

Ie te ſurmonte, Amour, ſans eſtre vn infidelle.
Ce qu'elle a faict pour luy, ce qu'il a faict pour elle,
Couronne leur amour & rompt mes deſplaiſirs.
Dedans mon propre ſang s'eſtouffe mes deſirs.
En deſpit de mes feux la raiſon la luy donne.

LE ROY.

Prince, la cedez vous?

MIRAME.

AZAMOR.

L'amour mesme l'ordonne.
Ie la cede à l'amant qui possede son cœur.
Arimant est vaincu ; mais mon frere est vainqueur.
La cedant à mon sang je la cede à moy-mesme;
Et consens que mon bien se donne à ce que j'ayme.

MIRAME.

Vous me perdez pour femme & m'acquerez pour sœur.

LE ROY.

De deux amants conjoints vous serez possesseur.

AZAMOR.

Ie seray trop heureux.

MIRAME.

Ah! quel excez de gloire?
Ceder à son riual le prix de la victoire,
Et mesmes en viuant : le voulez-vous grand Roy?

LE ROY.

Puis qu'vn amour constant engage vostre foy,
Qu'Azamor y consent, qu'Arimant est son frere,
Qu'il herite d'vn sceptre, il vous faut satisfaire.

MIRAME.

Ah! Pere sans exemple! Ah! Prince genereux!

LE ROY.

Que l'on desliure Arbas ; allez, viuez heureux.

FIN.